四川省绿色矿业发展研究

李 璞 刘登娟 黄 寰 等 著

科学出版社

北 京

内 容 简 介

本书是一部关于四川绿色矿业发展若干理论与现实问题的专著，是在四川省社会科学界联合会重大基地项目"四川省推进绿色矿业发展若干重大问题研究 (SC17EZD011)"研究成果的基础上撰写而成的。全书共 8 章：第 1~3 章系统梳理了绿色矿业的基本概念、相关理论、研究进展和国家相关政策；第 4~7 章围绕四川省推进绿色矿业发展的重大问题，梳理政策环境，描述发展概况，归纳总结发展模式与经验，科学评价典型矿山；第 8 章提出促进四川绿色矿业发展的政策建议。

本书可供高校和科研院所从事绿色发展、矿业经济、矿业管理相关领域研究的师生阅读，也可供资源管理部门、矿业行业和矿山企业工作者参考。

图书在版编目(CIP)数据

四川省绿色矿业发展研究 / 李璞等著. --北京：科学出版社，2024.6.
ISBN 978-7-03-078881-8

Ⅰ.F426.1

中国国家版本馆 CIP 数据核字第 2024NV8282 号

责任编辑：韩卫军 / 责任校对：彭 映
责任印制：罗 科 / 封面设计：墨创文化

科 学 出 版 社 出版

北京东黄城根北街16号
邮政编码：100717
http://www.sciencep.com

四川煤田地质制图印务有限责任公司 印刷
科学出版社发行 各地新华书店经销

*

2024 年 6 月第 一 版 开本：787×1092 1/16
2024 年 6 月第一次印刷 印张：6
字数：140 000

定价：98.00 元
（如有印装质量问题，我社负责调换）

序

矿产资源是经济社会发展的重要物质基础。离开了矿产资源，经济社会发展就会成为无米之炊。矿产资源短缺将会严重制约经济社会发展。

几乎所有矿产都具有资源与环境的双重属性。矿山开采势必影响自然环境，如何处理保护与发展的关系，始终是我们必须面对的重要课题。过去，面对保护与发展，人们总是习惯将保护让位于发展，"开发过度，保护不够"，许多地方因此满目疮痍，环境问题突出，迫切需要构建资源开发与生态环境保护协调发展的新模式，深入谋划矿业可持续发展新路径。

党的十八大以来，以习近平同志为核心的党中央站在中华民族永续发展、人类社会文明发展的高度，把生态文明建设作为统筹推进"五位一体"总体布局、协调推进"四个全面"战略布局的重要内容，部署开展了一系列根本性、开创性、长远性的工作，生态文明建设从理论到实践都发生了历史性、转折性、全局性变化。从东北大地到青藏高原，从黄河流域到长江流域，"绿水青山就是金山银山"的发展理念深入人心，人与自然和谐共生向前迈出重大步伐、取得显著成效，中国进入生态文明新时代。

绿色矿业是矿业高质量发展的必然选择，是促进资源开发与生态环境保护协调发展的有效手段。进入新时代，在习近平生态文明思想指引下，各地端正发展理念，切实把保护放在优先位置，采取一系列有效措施，着力推进绿色矿山建设，努力探索既有力保障资源供给、又切实保护生态环境的新路径。通过不懈地探索实践，我国绿色矿山建设已发生质的变化，初步建立了国家、省、市、县四级联创、企业主建、第三方评估、社会监督的绿色矿山建设工作体系，实现了从"要我建"到"我要建"、从试点探索到全面推进、从行政推动到标准引领、从企业自律到社会监督、从以倡议引导为主到激励约束并举的重大转变，相继涌现出一大批绿色矿山先进典型。2024年4月15日，自然资源部、生态环境部、财政部、国家市场监督管理总局、国家金融监督管理总局、中国证券监督管理委员会、国家林业和草原局联合印发的《关于进一步加强绿色矿山建设的通知》（自然资规〔2024〕1号）明确提出，到2028年底，绿色矿山建设工作机制更加完善，持证在产的90%大型矿山、80%中型矿山要达到绿色矿山标准要求。生态优先、绿色发展已成为我国矿业高质量发展的核心要求和重要路径，以创建绿色勘查示范项目、建设国家绿色矿山、重塑矿山生态环境、打造绿色矿业发展示范区为元素的美丽中国矿业画卷正逐步呈现在世人面前。这些举措都必将加快形成矿业新质生产力，为打造中国式现代化矿业、建设美丽中国提供新的动力。

推进绿色矿业发展是贯彻习近平生态文明思想和践行新发展理念的重要体现，是推进中国式现代化的必然要求和保障矿业高质量发展的重要抓手。《四川省绿色矿业发展研究》一书对绿色矿业相关理论和研究进行了系统性梳理，探索构建了绿色矿业发展的理论框架体系，为进一步开展有关研究提供了有益借鉴。该书从政策评价、模式分析和典型矿山分析等方面展开，从国家宏观管理、矿业行业和矿山企业等维度分析，深入探讨四川绿色矿业发展的理论与现实问题。该书采用定性分析与定量研究相结合、政策措施分析与社会实践分析相结合、理论分析与案例分析相结合的方法，力求保证四川绿色矿业发展研究的客观性和科学性。该书围绕四川绿色矿业发展，既充分借鉴国际经验，又广泛收集整理国内典型案例，具体展开对四川典型矿山企业的评价，归纳总结四川绿色矿业发展模式和存在问题，提出促进四川绿色矿业发展的政策建议。该书理论基础扎实，内容丰富，视野开阔，脉络清晰，研究方法得当，研究结论具有较强的现实指导性。阅后颇有所得，是为序。

前　言

四川是矿产资源大省，矿种齐全，总量丰富，共生、伴生矿产多。同时，四川矿业开发也面临重要富矿不足、人均资源占有量低、采选冶炼难度大、生态环境被破坏等现实问题。推进四川绿色矿业发展，积极探索四川绿色矿业发展模式，破解四川绿色矿业发展难题，是纵深推进生态文明建设和绿色发展的重要举措。

本书是笔者主持的四川省社科联重大基地项目"四川省推进绿色矿业发展若干重大问题研究"（SC17EZD011）的成果。笔者带领项目组成员先后前往攀枝花、宜昌、北京等地的管理部门、企业、科研院所、行业协会开展广泛的调研与学术交流，为拓宽研究思路、提升研究深度、丰富研究内容起到了重要作用。在该项目的支持下，笔者与四川省地质矿产勘查开发局、成都理工大学联合编制了《马边县绿色矿业发展示范区建设方案（2018年—2025年）》。该方案对马边县高效、有序、科学推进绿色矿业发展示范区建设起到重要作用，对四川省推进绿色矿业发展示范区建设具有借鉴意义。

课题组发扬集体智慧，协同攻关，才使本书得以成稿和出版。本书作者为成都理工大学李璞教授、刘登娟副教授、黄寰教授等。本书撰写的分工是：第1章和第2章由张惠琴、程红、李明阳和朱莉萍撰写，第3章和第4章由黄寰、刘登娟、秦思露和张静莹撰写，第5章由罗德江、霍志磊和杨杭生撰写，第6章由李新、刘登娟和杨雪撰写，第7章由李璞、陈旭东、廖思磊和杨杭生撰写，第8章由刘登娟、杨杭生、李莉和刘瞻撰写。全书由李璞、黄寰、刘登娟和杨杭生负责校稿。

本书的出版得到原国土资源部副部长汪民同志的指导和作序，得到成都理工大学国家级一流本科专业建设点工商管理专业、四川省社会科学高水平研究团队——资源环境战略研究团队、四川矿产资源研究中心项目"四川省矿业高质量发展政策文本研究"（SCKCZY2022—YB016）、四川石油天然气发展研究中心项目"绿色低碳循环发展体系下能源消费结构优化研究——以四川为例"（SKB22-04）、成都理工大学西部生态文明研究中心项目"双碳目标下四川能源消费结构绿色变革研究"（XBST2022-YB003）、成都理工大学成都公园城市示范区建设研究中心项目"成都都市圈生态环境协同治理长效机制研究"（GYCS2022-YB002）、成渝地区双城经济圈科技创新与新经济研究中心项目"四川绿色矿业发展体制机制与政策协同创新研究"的经费支持。由衷感谢科学出版社韩卫军编辑的专业支持，本书才得以顺利出版。

由于时间和水平有限，书中难免有疏漏，恳请读者和同仁批评和指正。

目　　录

第1章 绿色矿业发展的基本概念与相关理论

1.1 绿色矿业发展背景

发展绿色矿业是贯彻落实生态文明、推进矿业可持续健康发展的主要工作与重要抓手，是践行"绿水青山就是金山银山"的必然选择与迫切需要。2007 年国土资源部部长徐绍史在中国国际矿业大会上提出"发展绿色矿业"；2010 年国土资源部发布了《国土资源部关于贯彻落实全国矿产资源规划发展绿色矿业建设绿色矿山工作的指导意见》，明确提出了绿色矿山建设的总体思路、基本条件、遵循原则和主要任务；2015 年《中共中央 国务院关于加快推进生态文明建设的意见》提出"发展绿色矿业，加快推进绿色矿山建设"；2016 年《全国矿产资源规划(2016—2020 年)》提出建设 50 个以上国家级绿色矿业发展示范区；2017 年国土资源部、财政部等六部门联合印发《关于加快建设绿色矿山的实施意见》，绿色矿山建设从"十点探索"转为"全面推进"；2018 年自然资源部发布《非金属矿行业绿色矿山建设规范》(DZ/T 0312—2018)等 9 个行业绿色矿山建设规范，标志着我国绿色矿山建设由"行政推动"转向"标准引领"；2019 年自然资源部办公厅印发《自然资源部办公厅关于做好 2019 年度绿色矿山遴选工作的通知》（自然资办函〔2019〕965 号）；2020 年自然资源部印发《绿色矿山评价指标》和《绿色矿山遴选第三方评估工作要求》，对绿矿山评价指标标准进行了统一，并对第三方评估工作进行了规范。经省级推荐、专家评审、实地调研和社会公示，自然资源部向社会公告确定了 302 家全国绿色矿山名单和 50 家绿色矿业发展示范区名单。2020 年自然资源标准化信息服务平台就国家标准《绿色矿山建设规范》公开征求意见，该标准规定了矿山进行绿色矿山建设矿区环境、资源开发方式、资源综合利用、节能减排、科技创新与数字化矿山、企业管理与企业形象六个方面的要求。

1.2 绿色矿业内涵

我国传统的矿产开发带来了一系列环境问题，先开发后治理的经济发展模式对自然生态破坏严重。如何最大限度地降低这种破坏，及时治理这种破坏，是我们应关注和解决的问题。王雪峰(2006)总结了部分发达国家在矿山开发过程中环境保护方面的一些政策和措施，提出实施"绿色矿业"应先保护后开发，并建议将矿山环境保护和可持续发展的观念深入矿产开发的每个阶段，从降低成本、依靠科技、加强管理制度和监测机制的建设等方面提出切实可行的办法。王馨凤(2008)指出，绿色矿业是指应用绿色技术，使矿业开发过程中产生的环境扰动量小于区域环境容量，从而实现生态环境影响最小化和矿产资源开发最优化的矿业发展格局。该定义是以矿产资源开发为落脚点，强调矿山的开发必须以保护生态环境为前提，也为我国绿色矿业的发展提出了目标。龙云(2011)从资源开发和环境保护两个方面说明了绿色矿业的内涵，强调以科技创新为根本，加强矿山企业的管理创新。借鉴国外绿色矿业的发展经验，曹献珍(2011)提出绿色矿业应当从开发前对矿山环境承载力评估、技术创新和环境恢复三个方面出发，深化绿色矿业改革，建立绿色矿业体系。

此后，绿色矿业的内涵进一步延伸到资源开发、环境保护和环境恢复三个方面。资源开发方面是指在开发过程中必须注意对生态环境的扰动，考虑环境的承载力。环境保护方面强调以高科技为手段最大限度地降低环境污染。环境恢复是指对已经产生的环境问题要积极解决(唐静，2013)。

一些学者结合矿区的特点，具体问题具体分析，提出具有区域特色的绿色矿业内涵和绿色矿业发展路径。黄寰等(2019)针对西藏拥有的丰富矿产资源及特殊地理位置，提出西藏发展绿色矿业的对策。熊梨芳(2011)从丰城市自身条件出发将绿色矿业理念融入丰城市实际情况，指出绿色矿业的落实和推进应坚持科学发展与绿色发展有机结合，坚持循环经济与新型工业有机结合，坚持有效监管与服务社会有机结合，坚持环境治理与民生工程有机结合。熊梨芳(2011)将绿色矿业融入丰城市矿业实际发展中，将概念、内涵转化为实际方针、导向，为其他矿业城市发展提供了借鉴。

2017年10月，党的十九大报告提出："必须树立和践行绿水青山就是金山银山的理念，坚持节约资源和保护环境的基本国策，像对待生命一样对待生态环境，统筹山水林田湖草系统治理，实行最严格的生态环境保护制度，形成绿色发展方式和生活方式，坚定走生产发展、生活富裕、生态良好的文明发展道路。"

发展绿色矿业的关键依然是提高矿产资源的利用效率和解决突出的环境问题(杨哲，2018)。发展绿色矿业，首先要建立绿色思维方式。新时代的绿色矿业是一种更高形态的，以尊重自然、保护自然为价值理念的，符合市场和人类社会发展方向与规律的新的矿业发展方式(孟旭光等，2018)。杨哲(2018)在对"绿水青山就是金山银山"理解的基础上，强调绿色矿业的发展应将环境保护落实在矿产开发的每一个环节，实现人与人、人与自然、自然与社会的协调。李国政(2018)也指出绿色矿业作为生态文明建设的重要组成部分，应该从具体实践中对绿色矿业内涵进行深化。

吉广林(2019)结合绿色矿业发展与建设实践，强调了绿色矿业中绿色的核心要义，界定了绿色矿业与传统矿业的区别。强海洋(2019)站在我国经济发展基本国情的角度对绿色矿业的核心要义、行为创新、政策方针等内涵进行了界定。侯华丽(2019)将绿色矿业的实现划分为三个环节。首先，在开发前通过对环境承载力的评价，制定绿色矿业规划；其次，在开发过程中选择对环境扰动小的、安全的技术；最后，在开发后对环境进行治理和修复。2022年10月，党的二十大报告指出："中国式现代化是人与自然和谐共生的现代化。"推动绿色矿业发展，加快发展方式绿色转型，促进人与自然和谐共生是推进美丽中国建设的重要路径，是实现高质量发展的关键环节之一。

综上，绿色矿业发展主要包含绿色发展理念和绿色发展行动两个方面。首先，绿色矿业是以绿色理念为指导而进行的矿业活动，即将绿色发展理念贯穿从勘探、开采、冶炼、应用到回收的全产业链活动。各环节的设计要以绿色理念为指导，如方式的绿色、技术的绿色等。其次，在各环节的实施过程中，要注意环境保护和生态修复。绿色矿业的发展强调资源高效利用，即矿产资源节约开发和综合高效利用。

1.3　绿色矿山内涵

从循环经济视角出发，杨玲(2006)指出绿色矿山是将环保与科学理念贯彻落实到矿业企业生产、开发、选冶等全链条活动中，从而实现绿色循环经济基本要求的清洁生产模式。康志刚(2002)提出绿色矿山的建设要依靠新技术、新设备、新工艺等手段，实现资源效能的最佳化。康志刚(2002)也指出，绿色矿山建设是在建立新的开发模式的基础上，加强资源的循环利用，重点解决工业废物、尾矿利用和再资源化问题，形成资源综合回收利用的产业化。

从政策法规视角出发，李慧(2010)从绿色矿山行业自律性规范、国家级绿色矿山政策等方面总结了我国绿色矿山的政策法规。在对政策法规研究的基础上，其提出绿色矿山是矿产资源开发利用与经济社会、生态环保共生协调发展的矿山。在生态文明背景下，胡建军和刘恩伟(2012)指出绿色矿山是在矿产资源开发利用的全过程中践行绿色生态的理念；龚斌等(2017)和孙维中(2006)对绿色矿山的理解一致，他们强调绿色矿山建设是指在矿产资源开发全过程中以有序开采为基本原则，以环境保护为基本遵循，将矿区环境扰动控制在最小范围内，从而实现矿山的可持续发展。具体来讲，绿色矿山的核心内涵是将矿山开采方式科学化、矿业企业经营管理规范化、矿产资源利用集约化、矿业生产工艺环保化、矿山环境生态化落实到矿产资源勘探、开采、选冶、加工、生态修复的全链条，实现矿业与经济社会、生态系统的全面、协调、可持续发展。

综合 2009 年中国矿业联合会发布的《中国矿业联合会绿色矿业公约》、2017 年六部门联合印发的《关于加快建设绿色矿山的实施意见》等政策文件精神和上述学者对绿色矿山内涵和外延的表述，本书认为绿色矿山是在矿产资源开发全过程中，矿区既要科学合理合法生产运作，又要将对自然环境的影响降到可控制范围内，并积极修复因矿山生产导致的环境问题，与社区建立友好关系，实现资源开发、环境保护、矿业经济的协调可持续发展。

1.4　绿色发展理论

自 21 世纪以来，随着经济全球化步伐的加快，有关能源、经济及环境的问题日益复杂，急需新的经济理论来指导时代的发展，绿色发展理论由此诞生。绿色发展本质上是将社会经济发展与生态环境保护统一起来，使二者相互促进，从而实现可持续发展。

1.4.1　绿色发展内涵与核心

绿色发展的内涵分为狭义和广义两种。狭义上的绿色发展仅包含人与自然两类主体的统一协调，广义上的绿色发展除了对人与自然的和谐关系进行了具体的阐述，还提出了将经济、社会、生态、环境、资源等要素作为一个共生系统的持续发展。具体来讲，绿色发展指在充分提高资源利用率、提高环境保护成效、加强生态文明建设等基础上，改变和转换传统落后的生产观念和消费习惯，实现经济、社会、生态等方面的和谐统一与可持续发展，致力于形成更高质量的人与自然和谐相处、共生发展局面。

绿色发展的核心是人与自然的和谐共生，实现经济、社会、生态环境的协同发展。区别于传统落后粗放的发展模式，绿色发展强调用更加科学的模式和全新的理念彻底改变原有资源、环境的束缚制约，挖掘新的发展潜能和动力，造福千秋万代。

1.4.2　循环经济理论

循环经济的概念最早可以追溯到 20 世纪 60 年代，美国经济学家博尔丁(Boulding)首次提出了"循环经济"一词。随后，国内外学者从不同的角度对循环经济理论进行了延伸与拓展。1990 年，英国环境经济学家皮尔斯通过对循环经济进行深入剖析与总结，形成了第一个正式的循环经济发展模型，其中，经济系统与生态环境系统统一为有机的整体，相辅相成。我国在 20 世纪 90 年代首次引入循环经济理论的思想，诸大建(1998)系统阐述了循环经济的发展内涵，他指出循环经济本质上是一种善待地球的经济发展新模式，其主要是针对传统工业化运动以来高排放、高消耗的线性经济而言。此外，循环经济要求经济活动构建以"自然资源—产品和用品—再生资源"为基础的反馈式流程，所有的原料和能源都可以在不断发展的经济循环中得到高效利用，由此使经济活动对生态环境的影响控制在尽可能小的范围。

学术界对循环经济的内涵界定存在一定的争议。现有研究主要从以下几个方面对循环经济的内涵进行阐述。第一，从人类社会与生态环境共生统一的视角进行分析，其主要思想是通过生态学发展理论构建人与自然生态协调可持续发展的循环经济发展模式。第二，以资源利用为出发点，侧重于循环发展的经济学分析，其核心理解是循环经济的本质就是改变并缓解资源稀缺的问题。第三，将生态系统的保护纳入循环经济的分析框架，从生态系统的保护视角出发，重点关注循环性这一经济发展模式。第四，部分学者认为技术是循环经济发展的再生动力，从技术规范的视角考察该模式的发展、完善与拓展。

1. 循环经济的内涵与特征

Herman(1990)认为循环经济是以生态环境保护为目标，以有限资源的高效利用与循环为根本，以形成资源的再循环和再利用为手段，最终实现资源高质量利用的可持续发展经济模式。循环经济主要有以下几个方面的特征。

(1)综合性。循环经济不是一个孤立的经济发展系统，它不仅需要考虑经济增长与自然生态环境，也要将人类社会的持续发展、科技水平的不断提高等因素纳入循环经济整体框架。

(2)战略性。循环经济不仅关注当下，还着眼于未来。循环经济的战略性与可持续发展的战略性异曲同工，都包含着对人类与自然发展的远景布局和顶层设计。

(3)可再生流动性。循环经济相较于传统发展模式的优势在于它可以实现资源与物质的可再生流动。以往的经济发展模式过多地以牺牲资源与环境为代价，忽略了对美好生活与经济高质量发展的追求，造成生产模式粗放和资源浪费。

2. 循环经济的发展模式

第一，循环经济理论的本质是通过对经济社会发展过程中生产系统产生的废弃物循环再利用而形成的经济循环系统。王国印（2012）认为循环经济系统由动脉系统和静脉系统两个部分组成。动脉系统涵盖从生产到消费的全过程，其中，生产主要是指向社会提供的产品，消费就是将提供的产品使用和消化，这一过程便会形成废弃物。这时，静脉系统开始发挥作用，将消费产生的废弃物纳入循环系统进行处理并再循环，因此，静脉系统主要包含废弃物处理、循环再利用等步骤。此外，王国印（2012）指出，循环经济系统不是由单纯的动脉系统或静脉系统构成的单一经济系统，而是动脉系统和静脉系统相互耦合而达成的资源循环利用的新模式。

第二，循环经济是高质量发展与低成本的模式统一。传统的经济发展模式过度关注经济的发展，由此可能付出巨大代价。循环经济不仅考虑经济发展，更注重人与自然的和谐共生，强调用低成本带来社会发展的长期价值。

第三，循环经济是以生态系统为模拟对象的仿生经济系统。生物学家普遍认为，经过漫长的物种进化和自我发展，生态系统已经可以实现环境的自适应与不断进化，自然而然地促进可持续发展与不断循环。在某种程度上，循环经济就是以生态系统为基础的仿生经济，其目标就是实现生态系统般的循环模式。

第四，循环经济从本质上改变了传统经济发展模式的机制缺陷。传统经济发展模式没有全面理解和处理经济系统与生态系统的关系，孤立地发展两个单一的系统，造成经济发展与生态发展失调。循环经济将生态系统与经济系统纳入整体框架，从全新的视角推动经济与生态的协调发展，促进二者的有机统一。

1.4.3　低碳经济理论

2003 年英国发布的能源白皮书《我们能源的未来：创建低碳经济》首次出现"低碳经济"一词。其中，低碳经济被界定为一种新型的经济发展模式，其本质上是通过尽可能减少自然资源的无序利用与生态环境污染，实现更多、更高质量的产出。低碳经济关注人类社会的高质量发展，为人类高质量生活提供更加美丽、优质的自然生态与环境，加快先进科学技术的不断流通，实现人类的全方位发展。2006 年底，我国六部委联合发布《气候变化国家评估报告》，这是我国首次颁布低碳经济相关正式报告。

1. 低碳经济的内涵与特征

国内外学者从多个角度对低碳经济的内涵与特征进行了界定。庄贵阳（2005）认为低碳经济的核心是对传统经济制度的变革和能源技术的改革，也就是充分利用能源技术的创新发展与政策制度的支持，实现对低碳排放的自适应能力。低碳经济可以认为是一种全新的经济发展模式，这种模式以缓解全球气候变化为根本目标，将技术与制度创新作为基本手段，从而使人类社会达到更高质量的生产与生活水平。低碳经济至少包含两个方面的特征。

第一，低碳经济关注更高质量的科学技术创新。创新是发展的源泉与动力，同样，创新也是低碳经济持续发展的基本要素。从现实来讲，低碳经济的技术创新不仅包含对传统经济发展意识的转变，而且包含全新方法和全新技术的应用，只有二者兼容并进，才能促进低碳经济的高质量发展。

第二，低碳经济关注城市的整体建设。在传统经济发展模式中，城市的迅速发展加快了生态环境的破坏与资源的消耗，因此低碳经济强调城市发展中的低碳全领域布局。具体来讲，低碳经济发展理念注重政府将低碳环保等低碳方式纳入城市发展规划，出台低碳政策法规提供制度保障，形成全社会高质量的低碳发展氛围，为实现服务低碳、消费低碳、生活低碳奠定基础。

2. 低碳经济的发展模式

低碳经济的发展模式就是在充分利用低碳经济经验与理论的基础上，实现传统经济发展模式向低碳发展模式转变。从现实来看，低碳经济发展需要彻底改变传统粗放的、仅追求经济利益的发展模式，改变通过高排放、高污染、高消耗实现低效能、低效益、低效率的经济发展逻辑，目前管理实践领域形成了多种低碳经济发展模式，主要包括以下三类。

第一，低碳发展模式。低碳经济的本质是实现低碳发展，因此低碳发展模式是最基本且最易得到认可的经济发展方式。低碳发展模式关注更少的碳排放，其主要内涵是在实现经济社会高质量与可持续发展的基础上，通过技术创新与改进实现更少的碳排放。在低碳发展模式中，经济发展必须将碳排放作为刚性约束，经济社会需要在其约束下实现更高质量的发展。

第二，节能减排模式。该模式的本质是改变生产过程中能源低效利用的现状，提高再生资源循环利用的效率，实现清洁能源的高效使用。从优化的角度来讲，节能就是用更小的消耗实现更大的效益产出。付允等（2008）从应用技术角度对节能内涵进行了界定，研究认为节能就是通过创新能源技术，在经济持续合理发展、经济生态系统协调统一的基础上实现有限资源和能源的高效利用；减排是指在减少废弃物排放的基础上，实现二氧化碳等温室气体的持续减排。节能减排模式符合国际社会发展的需求，为人类社会可持续发展发挥着重要作用。

第三，碳中和模式。该模式的主要内涵是在对温室气体排放量的捕捉与测算的基础上，使用吸收技术对一定数量的温室气体进行吸收消化，从而减少碳排放，直至实现零排放。

第2章 我国绿色矿业研究的文献回顾

2.1 我国绿色矿业研究文献统计分析

以绿色矿业为主题词进行检索,中国期刊数据库在 1999 年 1 月～2019 年 4 月共计收录 627 篇文献,其中期刊文献 507 篇,博士学位论文 22 篇,硕士学位论文 37 篇,会议论文 61 篇。本书主要关注 57 篇核心期刊文献的研究情况。本书利用中国知网提供的文献检索可视化工具从多个角度对这 57 篇核心期刊文献进行统计和分析。

2.1.1 文献基本情况分析

1. 文献的数量趋势

2007 年,中国国际矿业大会首次提出发展绿色矿业。之后,绿色矿业成为《全国矿产资源规划(2008—2015 年)》重点建设工程。中国矿业联合会与全国多家大型矿山企业陆续签订《绿色矿山公约》《中国矿业联合会绿色矿业公约》,引导矿山企业开展绿色矿山建设。在社会发展和政策法规的共同作用下,学术界对绿色矿业领域的关注度也大大提高,2010 年发表的核心期刊文献就有 6 篇之多。近些年发表文献的数量有所起伏,但保持上升态势,2018 年达到 10 篇,2019 年及其以后年份发表的文献数量创新高。

2. 发文机构分布

1999 年 1 月～2018 年 8 月绿色矿业相关的高水平文献中,高等院校和行政事业单位的贡献最多,其次是社会团体和公司企业等。

高等院校主要分布在北京、湖北、江苏、黑龙江、辽宁、河南、河北、云南、四川、重庆等地区,中国地质大学(北京)和中国地质大学(武汉)分别以发表 4 篇和 3 篇核心文献排在高校机构前两名。

事业单位总共发表核心文献 21 篇,其中中国国土资源经济研究院(现中国自然资源经济研究院)以 11 篇领先。这 11 篇核心文献主要是梳理了我国绿色矿业发展的现状和政策动态,并指出了绿色矿业的发展趋势和方向,研究集中关注我国绿色矿业发展中的生态环境保护和资源节约与综合利用两个方面。

行政机关中国土资源部(现自然资源部)共发表了 3 篇核心文献,国土资源部主要承担规范和优化国土资源的工作,其文献内容也主要涉及绿色矿山矿业的顶层设计和相关标准,为其他机构团体的研究方向引路。

社会团体部分,中国矿业联合会独立发表了 6 篇核心文献,主要以我国绿色矿业发展的现状、存在的问题及解决对策为研究对象。中国矿业联合会还发布了系列行业团体标准,主办领域知名杂志《中国矿业》。中国矿业联合会是绿色矿山矿业建设的先行者,也是行业标准的制定者和领导者。

公司企业一共有 4 家,主要分布于华北地区。作为相关政策和标准的实施落脚点,公司企业是绿色矿业建设主体的重要一环,它们能从自身出发,结合相关的法律法规和行业标准,探索符合该公司的绿色矿业建设方向,才能真正将绿色矿业建设落实到位。

3. 主要发文作者

本书选择发文 2 篇及以上的作者,但不限于第一作者,对他们的研究侧重点进行分析,主要发文作者见表 2-1。

表 2-1　主要发文作者及署名单位

发文量/篇	作者姓名	署名单位
4	乔繁盛	中国矿业联合会
3	栗欣	中国矿业联合会
2	侯华丽	中国国土资源经济研究院
2	鞠建华	国土资源部
2	吴尚昆	中国国土资源经济研究院
2	张永坤	唐钢滦县司家营铁矿有限责任公司

乔繁盛与栗欣都来自中国矿业联合会,多次针对我国绿色矿业的发展合作发文,研究发展现状及趋势,提出有可行性的建议。侯华丽与吴尚昆在 2018 年连续合作发文,重点对绿色矿业发展中的相关经验与启示进行探讨,突出绿色发展的基本思路。鞠建华则认为中国矿业绿色发展应侧重于矿产资源节约与综合利用。

4. 主要出版期刊

1999 年 1 月～2019 年 5 月的绿色矿业相关的高水平研究论文主要发表在《中国矿业》(中国矿业联合会主办)、《中国人口·资源与环境》(中国可持续发展研究会等主办)、《矿山机械》(洛阳矿山机械工厂设计研究院主办)、《中国煤炭》(应急管理部信息研究院主办)、《金属矿山》(中国金属学会等主办)。

《中国矿业》有相关核心文献 30 篇,位于榜首。《中国矿业》是由中国矿业联合会主办。该期刊的研究范围很广,涉及绿色矿业的发展方向及路径探究,生态文明和循环经济贯穿绿色矿业建设的重要性,具体矿区对绿色矿业发展的探索和实施等内容。中国矿业联合会在分析、研究和指导绿色矿业的研究方面发挥了重要作用。

《中国人口·资源与环境》的 4 篇核心文献更多从政策宏观角度深入探讨了地区性绿色矿产发展示范区发展的构想。

《矿山机械》有 3 篇核心文献,其中 2 篇核心文献是对中国国际矿业大会的思考和理解,《中国煤炭》的核心文献则是对相关政策法规发布的归纳总结。

《金属矿山》的 2 篇核心文献都是由张永坤所著,结合绿色矿业发展理念,将理论付诸唐钢滦县司家营铁矿的建设,并不断对方案进行实践优化,是产学研高度结合的例子。

2.1.2　高被引文献分析

本书对 57 篇核心文献按照被引次数降序排序,分析提取排名前 10 的核心文献,每篇核心文献平均被引次数达 35.2 次。其中,乔繁盛、栗欣等在《中国矿业》相继发表的论文都有较高的被引次数,乔繁盛在 2009 年发表的《建设绿色矿山　发展绿色矿业》被引次数为最高的 62 次,发表的 4 篇文献共计被引 171 次。对前 10 篇文献总结可以概括为由中国矿业联合会领导制定的相关矿产资源规划,主要集中在矿山环境的建设,贯彻落实绿色发展、生态文明建设,做好已开发矿山的环境恢复,在后续开发初期做好绿色矿业相关工作。

2.1.3　关键词的关联分析

关键词的关联分析作为文献统计最重要的工作之一,常用于发现和分析该领域的主要研究热点和趋势。由关键词的关联分析发现,2001~2019 年绿色矿业研究领域出现频率前十二位的关键词依次为矿山企业(25 篇)、矿山环境(16 篇)、矿山开发(11 篇)、绿色发展(10 篇)、生态文明(8 篇)、国土资源(8 篇)、中国矿业联合会(7 篇)、资源节约(7 篇)、矿山建设(6 篇)、矿产资源规划(6 篇)、矿业循环经济(6 篇)和循环经济(6 篇)。

对关键词进行网络分析,得到关键词的共现网络分布图,如图 2-1 所示。依据该图可以看出,矿山企业作为被提及次数最多的关键词,其与矿产开发、矿山环境、生态文明、资源节约、绿色发展等密切相关;与矿业绿色发展较强关联的有资源节约、矿业循环经济、矿产资源规划、国土资源、中国矿业联合会等。

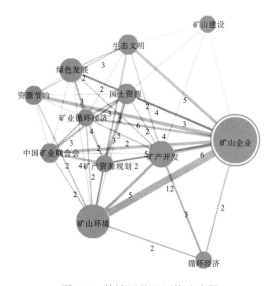

图 2-1　关键词共现网络分布图

综上所述,我国绿色矿业的理论研究大多以矿山企业作为主要对象,从矿山企业的开发过程、矿山环境建设和矿山资源节约的视角来探讨低碳和绿色发展。在矿业绿色发展的方式研究中，多以矿产资源规划、资源节约和循环经济构建作为主要的实现方式。

2.2 我国绿色矿业研究文献内容梳理

在绿色矿业发展中，绿色这一概念必须深入矿业产业链的每一个环节和步骤，从点到面，从细节到整体，涵盖整个产业链。国内外绿色矿业产业链主要包括四个环节：勘探、开采、冶炼、利用，国内专家也对这四个环节进行了相关研究。

2.2.1 勘探

勘探是矿产资源开发利用的首要工作，发展绿色矿业首先要解决如何提高矿产资源勘查效率并减少对生态环境破坏的难题。一些学者对矿产资源开发中的传统勘探方式进行了考察，提出绿色探勘的重要性，并为绿色勘探提出相应的建议。针对国内矿产资源勘查工作存在的监管内容模糊、监管任务繁重、监管队伍力量薄弱等问题，郭琳琳和张兴(2018)提出了相应的对策以提高我国勘查监管水平，为我国绿色勘查奠定了监管制度基础。针对传统勘探造成的水土流失、水污染、地质环境破坏等问题，张波(2018)从技术、效率、法律三个方面提出相应的解决方案，以此发展绿色勘探，并对整个勘探进行系统指导，提高勘探效率，减少环境破坏。

绿色勘探不同于传统勘探，强调将绿色理念植入勘探全过程，在布局、方法和内容上以环保为前提，最大限度减少对环境的破坏(张福良，2017)。吴金生等(2016)认为绿色勘探需要新技术作为手段，以此减少对环境的扰动和影响，实现环保勘探、和谐勘探、高效勘探和依法勘探。其中，环保勘探是指在整个勘探过程对环境进行保护、恢复；和谐勘探是实现勘探与自然、社区、员工之间的和谐；高效勘探是指从技术上、效率上减少能耗，降低盲目勘探；依法勘探是指按照法律要求进行科学、合理、合法的勘探。李在文(2017)在贵州省实施推进"三能型矿"的实践过程中，深化绿色理念，从环保、和谐、高效、法治四个方面来倡导绿色勘探。

张文辉和申文金(2017)结合中国矿业大会提出的"坚持科学发展，推进绿色矿业"可持续发展观念，指出绿色勘探分为三个过程：一是在勘探前制定科学的、环保的勘探标准；二是在勘探过程中以生态环保为约束；三是在勘探结束后对勘探过程中被破坏的生态进行恢复。

2.2.2 开采

从广义上讲，绿色开采就是将矿区资源开发与环境保护有机统一，对矿区实行综合、立体、协调开发(汪云甲，2004)。其中，综合开发是在开采过程中对主矿及伴生矿一同开采；立体开发是对矿区各层同类异生矿进行处理；协调开发是在开采过程中与环境保护相一致。汪云甲(2004)认为未来必然是通过数字矿山来实现绿色开采。赵小虎等(2018)通过阐述传统开采方式对水资源、大气、土壤等造成的严重破坏，分析了绿色开采的优势，总结了绿色开采在水资源、大气、土壤等方面对环境的保护作用，并结合绿色发展观提出了绿色开采的应用技术。贺哲钢(2017)结合对可持续发展的理解指出，绿色开采应当在矿产资源开采过程中以环境保护为优先原则，制定科学合理的开采方式，强化矿区开采过程中环境保护管理制度的实施。

矿区资源绿色开采不仅是一个理论，也是一个目标，其中包含庞大的技术和管理理念(汪云甲，2005)。从管理上看绿色开采要考虑区域条件、资源环境状态、资源环境承载力；技术上要建立科学、环保、高效率的评估体系。两者的深入结合才是未来矿产资源绿色开采的方向。杨德军(2012)对国内矿产资源开采存在的问题进行了简单梳理，指出要从根本上推动环保与开发的协调发展，就要在开采时首先进行环境影响评价。乔登攀等(2011)提出现代采矿理念主要是建立在可持续发展的基础之上，区别于传统采矿开采优先、环保末端的思想，它是以生态可持续发展为前提推动经济持续稳步发展。徐硕(2019)从环保意识、矿产资源开采技术、矿产资源应用效率、法律法规、内部管理机制五个方面探讨如何在矿产开采中保护好环境。

2.2.3　冶炼

绿色概念在冶炼环节的实现依赖于技术的更新，具体表现在行业实践过程中依靠技术的不断创新，以此促进冶炼行业的可持续发展(杨安国，2008)。杨军(2012)分析了技术研发、环境保护、创新发展、优化结构几个方面对发展绿色冶炼的重要性，认为绿色冶炼的发展必须依靠技术的创新和进步，加强技术、环保管理，发挥重组优势并强化自主创新，从而促进生产质量、节能减排、环境保护和自主创新能力的持续推进与稳步提升。庞师艳(2019)分析了国内冶炼技术设备落后、高污染、规模程度落后等问题，提出应该从设备更新、提高能源效率、不断发展节能技术几个方面提高冶炼效率，降低环境污染。

绿色冶炼的关键是建立循环经济系统，从废水、废气零排放到对废矿、废渣循环冶炼，在实施过程中应当加大资源综合利用率，加强环境保护，降低废水、废渣、废气的排放，实现环境与冶炼的和谐(周建成，2010)。

针对炼铜行业存在的高污染、高耗能、高成本问题，明扬和黄羽飞(2015)指出需要探索新型环保冶炼技术，加强环保管理制度，从源头治理、投入环保设施等方面降低环境破坏。彭明等(2018)分析了冶炼车间整个运作系统，认为应该从源头实施可行的、高效环保策略降低冶炼环节对环境的破坏，他们从整个冶炼系统的角度进行改善，为绿色冶炼提供了一个整体的、系统的方法。针对冶炼企业的环保工作，郑海利(2016)提出从环境保护意识、环境保护管理制度、污染治理及环境保护设施设备四个方面降低冶炼过程对环境的破坏。

2.2.4　利用

矿产资源是不可再生资源，而经济发展对矿产资源的需求越来越多，这就要求我们提高对矿产资源的利用率。张崇淼(2003)强调只有将矿产资源综合利用与环境保护相结合，才能体现节能增效、无废化、无害化的环保理念。要实现矿产资源综合利用需要从四个方面来考虑：加强对资源合理利用的规划、加快矿业管理体制改革、加强对矿物新材料环保功能的研究、加强清洁技术的开发。冯启明等(2000)从矿产资源利用技术、环保意识、法律政策等方面论述了如何使矿产资源综合利用走上可持续发展道路。

为了解决矿产资源在利用过程中利用率不高、污染严重等问题，张成强(2006)提出建立循环利用体系，从制度、设备、源头等方面提高矿产利用率，降低环境污染。以江西矿产资源应用情况为例，花明等(2007)从国家政策角度制定了促进矿产资源循环利用、可持续发展与绿色环保协调发展的大纲。由于缺乏经验，城市矿产资源利用也存在着低效、高污染现象。刘航(2018)针对研究系统性、产能和技术、政策支撑体系、各类主体参与程度四个方面存在的不足，对我国城市矿产资源利用提出建议。

2.3　绿色矿山研究文献统计分析

以绿色矿山为主题词进行检索，中国期刊数据库在 1999 年 1 月～2019 年 4 月共计收录文献 184 篇，CSSCI 收录文献 20 篇。其中，15 篇文献重复，因此检索文献共计 189 篇。同样利用中国知网提供的计量可视化功能对上述文献进行分析。

2.3.1　文献基本情况分析

1. 文献的数量趋势

2007 年发文量为 8 篇，从 2007 年开始，发文量迅速上升，2012 年、2014 年和 2018年分别发表了 19 篇、22 篇、27 篇文章。2007 年以后，学术界开始关注并致力于绿色矿山相关研究，发文量开始不断增加。

2. 发文机构分布

对发文机构梳理发现，高等院校依旧是发文量最多的机构，来自华北、华中和东部沿海地区的 13 所地质、理工类院校发文 54 篇，占总发文量的比例高达 28.6%。

事业单位是研究绿色矿山的中坚力量，总共发文 29 篇，其中中国国土资源经济研究院发文 13 篇。这些文献认为在矿山企业的建设和绿色矿业的发展中标准化很重要，包括企业标准、认证标准和技术标准等，应利用不同的分析方法找出建设和发展中的重叠区域、生态脆弱区及优势矿种。

公司企业对绿色矿山研究的关注度明显上升，来自北京等地区的 14 家公司企业共计发文 20 篇。通过进一步分析发现，公司企业对绿色矿山的研究范围广，主要有对矿产资源的规划，在矿山建设中建立人均产值产量考评指标和考虑矿业项目实施的社会影响，衡量矿山企业发展的循环经济统计分析、地质品位、采矿技术、资源节约等。

3. 主要发文作者

本书选取了发文量大于 3 篇的 6 位作者，并对他们的研究重点进行了分析，表 2-2 列出了发文量较大的作者相关信息。

表 2-2　发文量大于 3 篇的作者及署名单位

发文量/篇	作者姓名	署名单位
7	栗欣	中国矿业联合会
5	乔繁盛	中国矿业联合会
5	胡克	中国地质大学(北京)
5	黄敬军	江苏省地质调查研究院
4	侯华丽	中国国土资源经济研究院
4	倪嘉曾	江苏省金坛市国土资源局

来自中国地质大学(北京)的学者胡克在矿山企业道德伦理和责任方面的研究累计发表了 5 篇文章,他重点研究了矿山企业的社会责任、环境责任、道德责任和慈善责任。黄敬军对绿色矿山相关建设指标和考评指标问题进行了详细研究和探讨,共发表了 5 篇文章。

4. 主要出版期刊

表 2-3 列出了主要的出版期刊。与绿色矿业的统计相比,《中国矿业》(中国矿业联合会主办)仍是发文量排名第一的期刊,其余发文量较高的期刊更偏向工程技术类。

表 2-3　主要出版期刊

发文量/篇	期刊名	主办单位
84	《中国矿业》	中国矿业联合会
11	《中国煤炭》	应急管理信息研究院
10	《环境保护》	中国环境科学出版社
10	《矿山机械》	洛阳矿山机械工厂设计研究院
7	《煤炭工程》	中煤国际工程设计研究总院有限公司
7	《金属矿山》	中国金属学会

2.3.2　高被引文献分析

本书对绿色矿山检索文献进行被引次数降序排序,主要选择 2008 年之后发表的文献,并剔除与绿色矿业中重复的文献,得到被引数排序前 10 的文献,如表 2-4 所示。这 10 篇文献平均被引数为 35 次,其中黄敬军发表的三篇文献总被引数为 162 次,2008 年发表在《中国矿业》的《绿色矿山创建标准及考评指标研究》中提出的"32 字"标准和"八化"成为绿色矿山建设的学术标杆之一。这 10 篇文献采用了大量的技术指标、评价体系来研究和解决不同地区绿色矿山的建设情况、发展趋势、存在的问题。

表 2-4　高被引文献统计

序号	题名	作者	期刊名	发表时间	被引数/次
1	绿色矿山创建标准及考评指标研究	黄敬军	《中国矿业》	2008 年 7 月	69
2	绿色矿山建设考评标准体系的探讨	黄敬军	《金属矿山》	2009 年 7 月	50
3	绿色矿山建设评价指标与方法研究	闫志刚	《中国煤炭》	2012 年 2 月	45
4	论绿色矿山的建设	黄敬军	《金属矿山》	2009 年 4 月	43
5	绿色矿山的概念内涵及其系统构成研究	刘建兴	《中国矿业》	2013 年 1 月	32
6	新常态下我国绿色矿山建设面临问题与解决途径	杨俊鹏	《中国矿业》	2017 年 1 月	30
7	矿业城市低碳发展与绿色矿山建设	王　浦	《中国人口·资源与环境》	2014 年 3 月	22
8	新形势下山西煤炭产业转型发展路径研究	曹海霞	《中国煤炭》	2015 年 1 月	21
9	我国绿色矿山建设实践、问题及对策	栗　欣	《矿产保护与利用》	2015 年 7 月	21
10	建设绿色矿山促进采矿业可持续发展	胡建军	《中国矿业》	2012 年 8 月	17

2.3.3　研究主题和关键词的关联分析

本书对 189 篇文献提及最多的 12 个关键词进行检索分析, 分别是矿山企业(70 篇)、矿产资源(60 篇)、绿色矿业(55 篇)、矿业发展(48 篇)、矿山环境(36 篇)、矿山建设(25 篇)、绿色发展(19 篇)、国土资源(19 篇)、中国矿业联合会(17 篇)、生态文明(16 篇)、循环经济(16 篇)、资源节约(13 篇), 如图 2-2 所示。

通过矿业与矿山关键词共现网络分布图可以发现, 绿色矿山和绿色矿业两者的主要内容都集中在环境保护、资源节约和经济有效循环上; 通过关键词共现网络分布图的对比发现, 矿山是实现绿色矿业的主体对象, 两者相互融合, 相辅相成(图 2-2)。

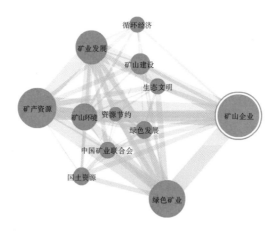

图 2-2　关键词共现网络分布图

2.4　我国绿色矿山研究文献内容梳理

本书从矿区环境、资源综合开发利用和绿色矿山评价三个方面对绿色矿山现有文献进行梳理。

2.4.1　矿区环境

矿区环境保护是绿色矿山建设重中之重。有关部门也积极发文推动矿区环境保护，2016 年，国土资源部、工业和信息化部、财政部、环境保护部、国家能源局联合发布《关于加强矿山地质环境恢复和综合治理的指导意见》；国土资源部办公厅发布了《国土资源部办公厅关于做好矿山地质环境保护与土地复垦方案编报有关工作的通知》。关于矿区环境保护，有关部门不仅在源头上进行管控指导，也在过程中进行监督(白中科等，2018)。

绿色矿山建设应该在保护好环境的基础上科学生产，达到人与自然和谐共生(龚斌等，2017)。同绿色矿业的发展一样，有学者认为绿色矿山的建设也应在矿山开发前、中和后都重视环境问题。我国矿山废弃地复垦和植被恢复起步较晚，绿色矿山建设当务之急是做好土地复垦的管理和监督工作，同时积极处理历史遗留未处理的矿山(祁有祥，2018)。侯华丽等(2019)从组织结构、先进技术、资金保障规划方面探讨绿色矿山建设，提出深入企业文化思想培训，加强企业环保考核，以此全面推进企业绿色矿山建设。

各地绿色矿山工作开展也颇有成效，典型的如江西，江西积极投入矿山修复，同时建设矿山公园，成效显著，矿山、矿区环境得到极大改善(郑先坤等，2018)。金徽矿业郭家沟铅锌矿坚持边开发边治理，在矿区建成了科技指挥中心、樱花大道、迎宾瀑布等休闲中心，大大改善了矿区生态环境，建成了优美矿区(张世新，2019)。内蒙古相关企业非常注重环境的保护和治理，在资源高效利用的同时实现了绿色环保(张煜和牛国锋，2011)。

2.4.2　资源综合开发利用

绿色矿山建设是实现资源可持续利用的途径(刘军等，2006)，资源集约利用作为绿色矿山建设促进矿业持续发展的重要途径(胡建军和刘恩伟，2012)，也是发展绿色矿业的重要内容。国土资源部也先后发布 33 个矿种"三率"("三率"是开采回采率、选矿回收率、资源综合利用率的简称)最低指标要求，2015 年发布行业标准《矿产资源综合利用技术指标及其计算方法》(DZ/T 0272—2015)。但是，尾矿固废堆存量大，"三率"指标与发达国家有很大差距，因此急需相应的政策和法规激励矿山企业自觉提高资源节约与综合利用水平(王海军和薛亚洲，2017)。申斌学等(2019)搭建了安全技术、环保技术、节约技术及高效技术循环发展体系，并提出实现企业矿产资源开发利用协同发展的新模式。

各行业、企业也在积极提高自身在资源开发利用过程中的资源综合利用率。依靠技术进步，善用资源，我国水泥矿山发展的主旋律就是节能环保，且已有一些成效(唐光荣，2012)。中煤平朔集团有限公司积极响应绿色矿山建设和资源综合利用，通过引入新的管理方式和生产技术，建立了资源综合利用产业体系(贺振伟和尹建平，2013)。

2.4.3　绿色矿山评价

绿色矿山的评价主要是构建评价指标体系和选取恰当方法，现有文献从指标体系的构建原则、框架及主要评价指标方面进行了探讨。整体而言，指标评价的原则是满足静态指标与动态指标结合，过程指标与结果指标结合(黄敬军等，2009)；科学性与客观性结合，可比性与可操作性结合(张德明等，2010)。在指标设计和评价方法方面，各学者关注的重点和采取的具体方法有差异。

在矿山效率方面，付强等(2017)采用数据包络分析(data envelopment analysis，DEA)方法，选取了资金投入、技术投入、人员投入3个输入指标和尾矿利用率等6个输出指标进行评价分析，可操作性与客观性较强，但涵盖面小，反映绿色矿山整体情况的能力较弱。宋学峰和温斌(2014)从管理、文化、技术经济三个层面出发，设计了8类20个指标，还提出了每一个指标的具体评价准则，可操作性较强。

在绿色矿山生态环境建设方面，周海林等(2017)构建了黄金矿山清洁生产评价指标体系，采用层次分析法(analytic hierarchy process，AHP)与欧氏距离理论完善权重分配，一定程度上克服了主观赋权的随意性和模糊性。曾晟等(2017)建立的指标体系包括环境、生态、生态环境补偿3个一级指标。

在节能减排方面，许加强等(2016)构建了依法办矿、规范管理、技术创新、环境保护、土地复垦和社区和谐6个一级指标，利用专家打分法、熵权法和最小交叉熵模型进行评价，该方法既避免了赋权随意性，又考虑到专家意见多样性；靖培星等(2016)在此基础上增加了企业文化方面的考虑，同时引用了灰色变权聚类模型进行评价，评价结果较其他方法更为客观。

在绿色矿山综合评价方面，闫志刚等(2012)选取矿山生产、节能与环保、管理与安全3个一级指标，并用层次分析法、模糊综合评价法进行实例评价。王明旭等(2013)将评价体系分为生态、人文、科技、法制和创新5个方面，每一个方面均由若干硬性指标和软性指标构成，并运用基于新型木桶理论的数学模型进行评价，强调了应加强薄弱领域建设。郑季良和张益玮(2017)从经济发展、资源循环利用和环境保护等方面建立指标体系，涉及指标皆为定量指标，指标数据易得，评价结果清晰明了，但指标代表性一般。江涛等(2018)从企业、采选和集输、资源综合利用、矿区环境、矿地关系5个方面建立一级指标，一级指标下分若干二、三级指标，并给出了每一指标的分值，评价主观性较强。张德明等(2010)选用了社会经济、资源开发利用、科研投入和环境效益4个一级指标，王磊等(2014)和沈洪涛等(2016)在他们的基础上增加了社区和谐方面的考虑。

2.5　文献总结与启示

随着可持续发展和生态文明建设的推进，我国绿色矿业的实践取得显著成效。学术界也有越来越多的学者关注绿色矿业，研究绿色矿业和绿色矿山的建设，但是关于绿色矿业的研究还有很多不足，结合四川绿色矿业的建设进程，本书认为以下几个方面的研究不充分，需要进一步探究。

2.5.1　绿色矿业发展现状

在对文献分析后，本书发现有部分文献对绿色矿业的发展现状进行了定性的阐述，但是很少有文献对全国或者区域绿色矿业的发展现状进行客观的、科学的、定性与定量相结合的调查和总结。绿色矿业推行至今，四川省绿色矿业发展进展如何？四川省绿色矿业发展成效如何？本书针对上述问题进行了探讨。

2.5.2　绿色矿山建设评价标准

整体来看，我国绿色矿业的建设和发展是在政策推动下进行的，绿色矿业实践呼唤理论创新。我国有关部门已经印发了绿色矿山建设标准，但是学术界对绿色矿山建设评价的研究相对滞后，已有的研究存在不足。例如，评价指标体系不够全面，指标不够细化；多数评价方法主观性较强；定性指标量化程度较低，定量指标数据获得难度较大等。因此，构建一套科学、客观的评价指标体系和评价方法是当前研究的重要任务之一。

2.5.3　绿色矿业发展模式

绿色矿业示范区建设需要在理论支撑的前提下，深入政府管理和企业运作，大胆创新和探索顺应生态文明理念、符合绿色矿业发展规律、利于政府宏观管理、充分调动企业参与积极性的模式与路径。

部分研究针对绿色矿业发展的案例进行分析，并提出发展模式，但是这部分文献往往从技术、企业管理等方面进行分析，很少有文献对绿色矿区建设模式进行全方位的分析。案例分析的文献缺少针对和适用于四川绿色矿业发展模式的研究。

2.5.4　绿色矿业制度

绿色矿业的快速推进主要依靠各层次政策制度的推动。对文献研究后可以发现，技术、管理和制度是推进绿色矿业和绿色矿山建设的三个有力工具，但是现有文献对相关制度的研究还存在不足，可以从以下方面进一步深入研究。

（1）探究四川绿色矿业管理体制的发展脉络、存在的问题并提出体制改革方案。梳理我国矿业体制变革的基本特征和历史脉络，通过国内外比较，发现阻碍绿色矿业发展的机构设置问题与职能划分问题，提出推进绿色矿业发展的机构设置与职能划分改革方案。

(2)梳理四川绿色矿业发展的机制障碍，提出政府、市场与公众协调创新机制。梳理四川绿色矿业传导机制、激励机制、协调机制、监管机制的问题，提炼和总结绿色勘查、绿色开采、绿色选冶、绿色矿产品的政府推进机制、市场配置机制与公众参与机制。

(3)评价四川绿色矿业政策措施、实施成效，探索构建四川绿色矿业政策体系并提出政策建议。梳理我国绿色矿业政策的演进和实施效果，找出绿色矿业政策存在的主要问题与实施过程中的难点，构建绿色矿业发展下的财政、金融、税收等政策体系。

第3章 我国绿色矿业政策评价

我国绿色矿业政策大致经历了萌芽阶段(中华人民共和国成立至 2010 年)、快速发展阶段(2011~2015 年)和规范化阶段(2016~2023 年)三大历程。2007 年国际矿业大会上我国首次发出了"发展绿色矿业"的倡议,2008 年《全国矿产资源规划(2008—2015 年)》明确提出"绿色矿业"的发展方向。2011 年以来我国先后开展四批次绿色矿山试点,绿色矿山建设加快发展。2016 年以来国家多部门联合推动绿色矿山建设,多项绿色矿山建设标准相继出台,全国绿色矿山建设全面展开。

3.1 我国矿产资源节约与综合利用政策评价

3.1.1 我国矿产资源节约与综合利用政策演进历程

1. 矿产资源节约与综合利用起步阶段(1956~2005 年)

这一阶段矿产资源开发追求经济效益最大化,聚焦于矿产资源的勘探和开采。1965 年《矿产资源保护试行条例》提出用矿和保矿这一概念,明确了我国矿产资源节约与综合利用政策的出发点。1985 年《关于开展资源综合利用若干问题的暂行规定》进一步明确矿产资源综合利用这一概念,提出为合理利用资源提供免税、价格、投资及财政等优惠政策,提高企业开展矿产资源综合利用的积极性。1986 年《中华人民共和国矿产资源法》颁布,这是关于矿产资源的专门法,为之后的矿产资源综合利用政策的制定提供方向和依据。1996 年发布的《资源综合利用目录(1996 年修订)》和 1998 年发布的《资源综合利用认定管理办法》明确了"矿产资源综合利用"这一概念和范围。这一阶段虽然政策数量较少,但多为纲领性政策,初步形成了矿产资源综合利用的政策框架,为之后更加细化的政策制定奠定了基础。

2. 矿产资源节约与综合利用框架体系基本形成(2006~2010 年)

这一阶段国家从技术、资金、管理等方面对矿产资源综合利用框架体系进一步细化规范。2010 年《矿产资源节约与综合利用鼓励、限制和淘汰技术目录》等政策文件相继出台,国家加快推进矿产资源综合利用技术开发、示范和应用。2009 年《国土资源部关于健全完善矿产资源勘查开采监督管理和执法监察长效机制的通知》等文件,从管理层面推进矿产资源集约节约,完善管理制度。这一阶段完善了矿产资源综合利用政策体系。

3. 矿产资源"三率"指标逐步完善(2011~2018 年)

这一阶段国家提出"资源优先战略",先后制定多项关于矿产资源"三率"最低指标的政策文件，规范矿产资源的开发、利用和回收。2011 年国土资源部发布《矿产资源节约与综合利用"十二五"规划》，提出了资源开发与利用效率、水平和规模的相关要求；2016 年国土资源部发布《国土资源部关于推进矿产资源全面节约和高效利用的意见》，提出加快转变矿业发展方式；国土资源部先后发布六批次《矿产资源节约与综合利用先进适用技术推广目录》，旨在促进矿产资源的开发和利用技术的完善；2018 年自然资源部办公厅印发《关于开展矿产资源节约与综合利用先进适用技术推广应用评估工作的通知》，提出探索建立动态更新机制来推广目录。这一阶段的政策更加注重具体指标的建立，使政策执行更有依据，将矿产资源综合利用政策落实到可操作层面。

总体来看，我国矿产资源节约与综合利用政策阶段特征与经济发展模式基本契合。改革开放初期为推动工业化快速发展，国家采取资源驱动型经济发展模式，此时的矿产资源节约与综合利用概念尚处于萌芽阶段，政策偏向经济增长导向。此后由于社会和经济的发展，我国经济发展逐步摒弃传统粗放型发展模型，主动调整产业结构。近年来随着社会主要矛盾的转变，人们对美好生活的需求更加强烈，因此政策的制定更注重绿色发展。

3.1.2 矿产资源节约与综合利用政策文本分析

1. 政策颁布主体分析

本书对 1956～2018 年矿产资源节约与综合利用的政策进行了统计，颁布矿产资源节约与综合利用政策文件的机构主要包括国务院及自然资源部、财政部、国家发展和改革委员会、国家税务总局、科学技术部、工业和信息化部、生态环境部等。

在矿产资源节约与综合利用的政策中，自然资源部（国土资源部）的政策数量最多，有 67 项。自然资源部（国土资源部）是主要的发文机构，承担着矿产资源节约与综合利用管理的主要职能。

2. 政策层级分析

基于矿产资源节约与综合利用的政策的发布形式和可操作性程度，将矿产资源节约与综合利用政策分为指导类和操作类。指导类包括指导意见和发展规划，而操作类包括通知通告、实施细则、暂行办法及标准规范。例如，《关于进一步开展资源综合利用意见》归于指导类下的指导意见；《关于加强矿产资源补偿费征收管理促进煤矿回采率提高的通知》归于操作类下的通知通告。

根据统计结果可知，指导类发文数量总计 19 项，操作类发文数量共 78 项。其中，指导意见类 11 项、发展规划类 8 项、通知通告类 50 项、实施细则类 6 项、暂行办法类 9 项、标准规范类 13 项。通知通告类文件最多，表明资源节约与综合利用还重在告知通知阶段，标准规范数量次之，这也体现了我国对矿产资源综合利用标准的重视性。

根据上述统计结果，将已归类到指导类、操作类和法律类的矿产资源节约与综合利用的政策再按年份划分。由统计结果发现，1956～2005 年政策的数量较少，从"十一五"规划开始政策数量明显增多，指导类政策更是有了明显的增加。"十二五"规划期间总体发文数量明显超过其他年份，共计 56 项。操作类政策总数是指导类政策的 4 倍，可以看出国家对于矿产资源节约与综合利用政策的落地十分重视。

3. 政策主题分析

本书根据矿产资源节约与综合利用政策标题对政策主题进行分类，共分 13 个类别，分别为"三率"、行政管理、技术、总体规划、金融、分矿种产业发展、指标、勘探开采、尾矿、绿色矿山、资源保护、找矿和示范基地。其中，"三率"类包括各矿种开采回采率、选矿回收率和资源综合利用率最低指标要求的公告及相关政策文件；行政管理类主要包含上级机构对下级机构的工作安排和管理的相关政策文件；技术类包括技术推广目录等标准规范、科技创新平台建设，以及先进技术推广工作的相关政策文件；总体规划类是指全国层面的基于矿产资源的总体发展规划；金融类包括专项资金、民间资本投资、资源税及权益金等政策文件；分矿种产业发展类如《国务院关于促进稀土行业持续健康发展的若干意见》；指标类包含资源综合利用认定和评价体系，如《矿产资源节约与综合利用指标评价体系(试行)》。

由统计结果发现，1956～2018 年我国矿产资源节约与综合利用政策多从"三率"、行政管理及技术三个方面重点着手，辅以总体规划、金融支持和分矿种产业发展，同时关注指标、勘探开采、尾矿、绿色矿山、资源保护、找矿和示范基地建设等方面的内容。

按"十一五"前、"十一五"期间、"十二五"期间和"十二五"后四个时间段分别统计不同主题政策文件的发文量，研究矿产资源节约与综合利用政策的时间演变。根据统计结果，从"十一五"开始，各类政策都明显增多。其中，增加最显著的是"三率"类、行政管理类及技术类政策。

4. 政策作用阶段分析

矿产资源节约与综合利用政策作用阶段会涉及矿产资源开发前期、中期、后期和全过程的一个阶段或多个阶段(本书视矿产资源勘查、矿山设计为前期，矿山基建与矿产资源开采为中期，矿山闭坑与生态修复为后期)。

由统计结果发现，中期、后期政策文件数量最多，这可能是我国过去粗放发展产生了问题，使过程控制和末端治理文件较多，源头预防和全生命周期控制文件相对不足。

5. 政策效力分析

从政策效力出发，将其分为指导类和约束类两大类。指导类政策即政策表达了政策目的和指导原则；约束类政策即在指导类政策的基础上，在提及政策目的时增加了时间进度、成本费用、质量需求和资源限制等约束条件。

根据统计结果，2006 年以前的政策多是指导类，因为早期我国矿产资源节约与综合利用处于起步阶段，相关研究不足，尚未制定包含时间进度、成本费用、质量需求、资源限制等具体约束条件；2006 年后约束类政策文件发文数量逐渐增多，通过制定明确的约束型条件推动资源节约。从目标的时间维度来看，绝大多数政策制定都是从长远发展出发的，这也符合我国始终坚持推动可持续发展建设的基本国情。从具体目标来看，矿产资源节约与综合利用发展初期，政策偏向于推动经济增长，而随着经济增长方式的转变，政策更倾向于环境保护与资源的合理利用，先后提出"三率"、矿产资源绿色示范基地等一系列目标。

6. 政策载体分析

为更好落实矿产资源节约与综合利用政策目标，我国提出了具体举措，包括建设示范基地、建设示范工程、制定技术推广目录及设立专项资金，这些举措有利于衡量各地区的政策成效，促进政策可执行和可落地。具体情况见表 3-1。

表 3-1　矿产资源节约与综合利用政策载体

举措	相关政策
建设示范基地、建设示范工程	《找矿突破战略行动纲要（2011—2020 年）》 《国土资源部关于推进矿产资源全面节约和高效利用的意见》
制定技术推广目录	《中国资源综合利用技术政策大纲》 《矿产资源综合利用技术指标及其计算方法》
设立专项资金	《金属尾矿综合利用专项规划（2010—2015 年）》 《找矿突破战略行动纲要（2011—2020 年）》

根据对已建 40 个矿产资源综合利用示范基地分矿种的统计结果（表 3-2），有色金属示范基地数量最多，其次是油气、非金属、煤炭、铁矿和稀贵金属。

表 3-2　分矿种统计矿产资源综合利用示范基地

矿种	基地数量/个
油气	6
煤炭	5
铁矿	4
有色金属	14
稀贵金属	4
非金属	6
铀矿	1
合计	40

3.1.3　矿产资源节约与综合利用政策成效

1. 矿产资源综合利用示范基地建设成果显著

2018 年，国土资源部和财政部全面完成了对 40 个矿产资源综合利用示范基地的验收总结工作。总体规划和建设目标完成较好，效果明显。2011~2016 年，56 家矿山企业在示范基地建设中共获得 72 项国家级科技奖、354 项省部级奖和 1362 项专利，开发利用水平不断提升。

2. 废石尾矿等固体废弃物利用率稳步提高

矿山固体废弃物主要包括露天矿剥离和地下采矿产生的大量废石，冶炼产生的矿渣、煤矸石和选矿产生的尾矿等。多年来，我国尾矿和废石堆存数量巨大。我国多措并举不断克服固体废弃物回收再利用压力大、难度高、实施难等问题，尾矿年利用率逐年提高。

3. "三率"标准日趋完善

我国高度重视矿产资源节约利用技术政策和标准的制定和完善，已建成约 40 种重要矿种"三率"最低指标和领跑者指标，进一步完善了矿产资源保护和主要矿产综合利用评价指标体系，以标准约束矿业开发行为。

3.2　我国矿山地质环境保护与治理政策评价

3.2.1　我国矿山地质环境保护与治理政策演进历程

1. 矿山地质环境保护与治理制度的起步阶段(1954～1989 年)

1983 年，我国将云南昆阳磷矿作为矿山地质环境保护与治理的首个试点，加强该矿山开采过程中的地质环境保护和污染防治，矿山地质环境保护与治理工作开始起步，但是矿产资源开发地质环境保护和矿山治理整体上成效不明显。

2. 矿山地质环境保护与治理政策快速推进阶段(1990～2008 年)

这一阶段一系列有关矿山地质环境保护与治理的文件相继出台，矿山地质环境保护与治理有关法律法规也不断完善。尽管这一时期相关的政策加强了矿山地质环境在勘查、开发、利用过程中的管理，但从内容上看，这些政策对矿山地质环境保护的具体内容、规划制度、程序没有详细规定。矿产资源的开发利用环境保护制度不能充分满足矿山地质环境保护与治理需要。

3. 矿山地质环境保护与治理政策完善阶段(2009～2018 年)

2009 年以来，针对矿山地质环境保护的专门性部门规章《矿山地质环境保护规定》和专项规划《全国矿山环境保护与治理规划(2010～2015 年)》相继出台，矿山地质环境保护与治理的进程加快，2018 年出台《非金属矿行业绿色矿山建设规范》(DZ/T 0312—2018)等 9 项行业标准，是一项重要的措施，在矿山地质环境保护与治理中发挥重要作用，扎实有序地推进了矿山地质环境保护与治理工作。

3.2.2　我国矿山地质环境保护与治理政策文本分析

1. 政策颁布主体分析

本节对 1954～2018 年矿山地质环境保护与治理政策文件的颁布主体和发文量进行了统计。根据统计结果可知，在矿山地质环境保护与治理的政策中，国务院发布的政策文件数量最多，其次是自然资源部。

2. 政策效力分析

将矿山地质环境保护与治理的政策分为指导类和操作类。其中,指导类包括指导意见和发展规划,而操作类包括通知公告、实施办法、管理条例及标准规范。这一分类是基于矿山地质环境保护与治理的政策的发布形式和可操作性程度。

根据统计结果可知,指导类发文量为 19 项,其中指导意见数量为 11 项,发展规划数量为 8 项;操作类发文量为 47 项,其中通知公告和实施办法数量最多,均为 16 项,管理条例和标准规范数量分别为 4 项和 11 项。

3. 政策作用阶段分析

矿山地质环境保护与治理政策涉及矿业开发前期、中期、后期和全生命周期的一个阶段或多个阶段(本书将矿山地质环境调查、矿产资源勘查、矿山设计划分为前期;矿山基建与生产分为中期;矿山闭坑与生态修复分为后期)。本节主要分析国家层面的矿山地质环境保护与治理政策。将 1954~2018 年颁布的矿山地质环境保护与治理政策按照全生命周期的不同作用阶段进行统计(因为存在同一政策文件涵盖多个阶段的情况,在统计时,只要政策涉及某一阶段,则该阶段的发文量加 1)。统计发现有一部分政策是涉及多个阶段的。针对矿产资源开发利用的前期和中期的政策数量较多,而针对全生命周期的政策数量较少,说明我国矿产地质环境保护与治理缺乏全生命周期的保护与治理。

3.2.3　矿山地质环境保护与治理政策成效

1. 矿山地质环境保护与治理制度体系基本建立

随着我国生态文明的推进,国务院发布了《国务院关于全面整顿和规范矿产资源开发秩序的通知》,国土资源部发布了《矿山地质环境保护规定》,各省市也积极探索并出台了地方性配套实施方案和保障措施。

2. 矿山地质环境保护与治理的规范和标准日益明晰

矿山地质环境保护与治理政策文件不仅明确了矿山地质环境保护、恢复治理和督查的相关法律责任,还对矿山地质环境保护与综合治理方案编制规范、矿山地质环境影响评估技术工作提出明确要求,同时全国矿产资源规划和矿山地质环境保护与治理专项规划还对矿山地质环境保护的具体指标进行明确的约束和限定。各项规范和标准为矿山地质环境保护与治理保驾护航。

3. 矿山地质环境保护与治理的激励和约束机制初步形成

中央和地方各级财政对矿山地质环境恢复治理投入力度逐年增加,矿山地质环境破坏历史遗留难题逐步解决。全国 31 个省、自治区、直辖市已全部落实矿山地质环境治理恢复保证金制度,新规划、设计、建设、生产的矿山企业力争不再欠环境新账。环境保险、资源税、环境税等环境治理经济手段逐步运用到矿山地质环境治理中,激励和约束并举机制初步形成。

第4章 四川省绿色矿业发展政策评价

四川省绿色矿业发展探索资源节约集约和循环利用的产业发展新模式，创新矿业经济增长的新途径，加快矿山企业绿色环保技术和工艺装备的升级换代，加大矿山生态环境综合治理力度，大力推进矿区土地节约集约利用和耕地保护工作，引导形成有效的矿业投资环境和氛围，激发矿山企业绿色发展的内生动力，推动四川省绿色矿业持续健康发展。

四川省坚持绿色转型与管理改革相互促进，研究建立四级联创、企业为主、第三方评估、全社会监督的绿色矿山建设工作体系，健全绿色勘查和绿色矿山建设标准体系，完善配套激励政策体系，构建绿色矿业发展长效机制。

4.1 四川省矿产资源节约与综合利用政策评价

4.1.1 四川省矿产资源节约与综合利用政策文本评价

1. 政策颁布主体分析

四川省矿产资源节约集约与综合利用政策文件颁布主体包括四川省人民政府、四川省自然资源厅、四川省财政厅等，各主体发文量存在较大的差别。本书对1997～2018年四川省矿产资源产业政策的数量进行了统计(在统计各主体发文量时，因存在联合发文的情况，所以对其有重复统计，只要联合发文中涉及某一主体，则该主体的发文量加1)。

根据统计结果可知，四川省矿产资源节约与综合利用政策数量为27项，发文主体以四川省自然资源厅(国土资源厅)居多，为19项。

2. 政策效力分析

将矿产资源节约与综合利用政策分为指导类、操作类和条例类。指导类一般包括指导意见和发展规划，而操作类则通常包括通知通告、实施细则、暂行办法及标准规范。这一分类基于矿产资源节约与综合利用政策的发布形式和可操作性程度，如《关于建立重要矿产资源开发新模式的意见》归类于指导类下的指导意见;《四川省国土资源厅关于做好矿产资源利用现状调查项目成果审查与验收工作的通知》归类于操作类下的通知通告;《四川省矿产资源管理条例》归类于条例。

根据统计结果可知，指导类政策数量为5项，操作类政策数量为20项，条例类政策数量为2项。其中，指导意见3项、发展规划2项、通知通告16项、实施细则3项、暂行办法1项、标准规范0项。标准规范数量为0，主要是因为四川省矿产资源综合利用标准规范是依据国家标准执行的。

根据上述统计结果，将已归类到指导类、操作类和条例类的矿产资源节约与综合利用政策再按年份划分。统计发现，总体发文量大体呈上升趋势，2017 年政策数量最多，达 7 项。2008 年和 2016 年四川省多颁布指导类的政策，2008～2015 年及 2016～2018 年这两个时间段的政策多为操作类，这是为了促进矿产资源节约与综合利用政策更好地落地。

指导类政策即政策具有指导意义；约束类政策即在提及政策目的时对时间进度、成本费用、质量要求和资源限制等约束条件进行限制。

根据统计结果可知，指导类政策共计 17 项，约束类政策共计 8 项。从目标时间维度来看，22 项政策明确长期目标，5 项政策明确阶段性目标。从具体目标来看，四川省矿产资源节约与综合利用政策更注重推动勘查开发水平发展，对于闭坑和生态修复关注较少。

3. 政策作用领域分析

本书根据矿产资源节约与综合利用政策标题对政策内容进行分类，可分 9 个类别，分别为资源补偿费、资金、实施意见、条例、"三率"、规划、资源现状调查、矿业权和勘查开发。

四川省矿产资源节约与综合利用政策作用领域反映了四川省绿色矿业发展的着力点。以上 9 个类别中，勘查开发类政策数量最多，其次是矿业权类及资源现状调查类，可以发现，四川省政策多集中于矿产资源生命周期的前期和中期阶段，对矿产资源回收利用这一领域尚未足够重视。

4. 政策作用阶段分析

矿产资源产业本身作为一个全生命周期的产业，政策作用通常会涉及前期、中期、后期和全生命周期的一个阶段或多个阶段(本书指定矿产资源勘查、矿山设计为前期；矿山基建与生产为中期；矿山闭坑与生态修复为后期)。本书对 1997～2018 年四川省矿产资源节约与综合利用政策作用于全生命周期各阶段的政策数量进行了统计(因为存在同一政策文件涵盖多个阶段的情况，在统计时，只要政策涉及某一阶段，则该阶段的政策数量加 1)。

根据统计结果可知，大多数政策涵盖前期和中期，数量分别为 24 项和 22 项，涵盖后期和全生命周期的政策数量较少，均为 11 项。这与上文基于政策内容分类统计结果相吻合。

根据统计结果可知，从 2008 年开始四川省矿产资源节约与综合利用政策开始涉及矿产资源全生命周期的后期，但数量较少；涉及矿产资源全生命周期的前期和中期的政策数量较多，且呈逐步增长的趋势。

5. 优惠政策分析

根据是否明确提出优惠政策，将政策分为有优惠政策和无优惠政策两类，并统计政策数量，分别为 7 项和 20 项。本书提及的优惠政策包括税收、金融、财政、保险、用地用矿等。

四川省矿产资源节约与综合利用政策包含减免税收、资金支持和用地用矿等。四川省矿产资源节约与综合利用政策整体偏向于约束型。

经梳理，四川省人民政府、四川省财政厅和四川省国土资源厅等为鼓励矿产资源综合利用分别在以下政策中提出优惠政策，见表 4-1。

表 4-1　四川矿产资源节约与综合利用优惠政策

序号	颁布时间	颁布机构	政策名称
1	2008 年	四川省人民政府	《关于建立重要矿产资源开发新模式的意见》
2	2008 年	四川省人民政府	《四川省矿产资源总体规划(2008—2015 年)》
3	2011 年	四川省财政厅、四川省国土资源厅	《四川省财政厅四川省国土资源厅关于印发〈四川省省级矿产资源节约与综合利用专项资金管理暂行办法〉的通知》
4	2016 年	四川省人民政府	《四川省矿产资源总体规划(2016—2020 年)》
5	2017 年	四川省国土资源厅	四川省国土资源厅关于认真学习贯彻落实《四川省人民政府关于矿产资源开发的意见》的通知
6	2018 年	四川省国土资源厅办公室	四川省国土资源厅办公室关于印发《关于推进矿产资源全面节约和高效利用的实施意见》的通知

分析以上 6 项政策的具体内容可知，四川省为了加强、引导和促进矿产资源节约与综合利用，在行政审批、增值税、所得税、资源补偿费和专项资金方面做了相应的部署，并明确了使用条件及优惠范围。同时，四川省还通过开展矿产资源综合利用专项行动，落实资源综合利用优惠政策。

4.1.2　四川省矿产资源节约与综合利用政策存在的问题

四川省矿产资源节约与综合利用工作已取得积极成效,但四川省矿产资源禀赋各地存在差异，矿山企业对矿产资源经济效益和资源环境效益的追求难以协调，一些政策仍旧存在薄弱环节。例如，监管体系不流畅、资源利用效率不高、技术应用脱节及企业节约与内生动力不足等问题。

1. 矿产资源节约与综合利用管理相对分散

矿产资源节约与综合利用管理，应充分考虑管理职能衔接，目前矿产资源节约与综合利用管理没有形成统一的管理体系和运作机制，矿产资源节约与综合利用管理效率相对较低。

2. 矿产资源节约与综合利用监督管理薄弱

企业对资源经济效益的追求与矿产资源节约与综合利用原则冲突，仅靠市场调节难以解决问题，还需要政府的引导和约束。矿产资源节约与综合利用企业的积极性不高，社会监督参与程度低，政府监测设备不健全，监管时效滞后和监督技术滞后等问题依旧存在。

3. 矿产资源节约与综合利用标准不完善

我国已先后出台多项先进技术推广目录、40 余种分矿种"三率"最低标准，为勘查开采回选工作奠定了技术标准。但是矿产资源存在显著的地域差异性和发展不平衡,不同地区、不同规模的矿产资源仍采取"一刀切"式的技术标准,忽略了企业对技术的应用难度及达标难度,影响了标准的贯彻落实。

4. 矿产资源节约与综合利用技术支持政策难突破

企业提升矿产资源综合利用水平需要增加成本投入,而技术投入风险较高,中小型企业难以承受。同时存在高附加值产品不多,低品位矿的利用不充分,资源利用效率还不够高等现实问题,采矿、选矿工艺技术水平与先进国家和地区相比仍存在较大差距。

4.1.3　四川省矿产资源节约与综合利用政策建议

1. 完善矿产资源节约与综合利用的规范和标准

建议从分矿种、分地区及分规模三个层面对矿业企业资源节约与综合利用做出不同要求,确保规范标准的科学性与可达性。持续更新矿产资源节约与综合利用先进技术适用目录,确保技术的可推广性,促进科技成果转化,推动矿产产业转型升级。还要加快矿产资源综合利用示范区、绿色矿山及示范基地等项目的建设,通过先进的技术、成熟的模式及科学的管理给相对落后地区提供可行经验。

2. 完善矿产资源节约与综合利用监督管理

依托物联网及大数据实行全面覆盖式的监管发展,摒弃传统的采用企业填报和政府实地抽样的资源开发利用监测方式,使数据更具准确性及可得性。通过提高数据监测分析的能力,加强矿企生产、环境保护与资源节约,从而促进矿产资源利用、生态环境保护及经济社会发展的有机统一。依据勘查开采过程中监督所得数据,完善储量探寻、矿产资源规划及开发利用方案等,将为矿产资源开发利用水平的精准评估、权益金税率合理确定等提供科学准确的依据。

3. 深化矿产资源节约与综合利用优惠政策改革

优惠政策是政府调控产业发展有效的手段之一,应进一步对财政政策进行精细化、灵活化的制定。利用大数据分析地区企业发展情况,研究其赋税水平,进而确定政策优惠措施。注意地区差异性以及资源禀赋的不同,确定不同的税征收比率,对矿产资源从价计征,同时减免低品位资源综合利用的税费。简化优惠政策申报认定标准和程序,切实为开展矿产资源节约与综合利用的企业提供更优质服务。

4.2　四川省矿山地质环境保护与治理政策评价

四川省是我国矿产资源大省,过去不合理开采及对生态环境的破坏,使各类矿山地质环境问题日渐突出,给当地居民及矿山企业的生活和生产带来了极大的影响。本书收集整理和统计分析四川省已有矿山地质环境保护与治理政策,评价政策实施后的效果,针对政策问题提出优化建议。

4.2.1　四川省矿山地质环境保护与治理政策文本评价

四川省高度重视矿山地质环境保护与治理工作。四川省人民政府、四川省自然资源厅(国土资源厅)等相关部门先后制定、出台了一系列矿山地质环境保护与治理政策。本书对1980～2018 年四川省矿山地质环境保护与治理的相关政策进行了分析。

1. 政策颁布主体分析

四川省矿山地质环境保护与治理的政策文件主要是由四川省人民政府及四川省自然资源厅(国土资源厅)等相关部门发布的。本书对四川省 1980～2018 年矿山地质环境保护与治理政策的发文数量进行统计(因存在联合发文的情况,在统计各部门政策数量时,对多个部门联合出台的文件,凡涉及的部门,统计时数量加 1)。根据统计结果可知,在 26 项矿山地质环境保护与治理的政策中,四川省人民政府、四川省自然资源厅(国土资源厅)发布的政策数量较多,占比分别达 34.62%和 30.77%。

2. 政策效力分析

基于政策效力将四川省矿山地质环境保护与治理的政策分为指导类和操作类。其中,指导类包括指导意见和发展规划,而操作类包括通知公告、实施办法、管理条例及标准规范。这一分类基于矿山地质环境保护与治理政策的发布形式和可操作性,如《四川省矿产资源管理条例》归类于操作类管理条例;《四川省矿山地质环境保护与治理规划(2008—2015 年)》归类于指导类发展规划。根据统计结果可知,指导类政策数量总计 9 项,其中指导意见 3 项,发展规划 6 项;操作类发文数量共 17 项,其中实施办法最多,为 8 项;其次是通知公告和管理条例,数量均为 4 项;标准规范为 1 项。

3. 政策颁布时间分析

四川省在矿山地质环境保护与治理的政策文件最早可追溯到 1980 年四川省人民政府颁布的《四川省矿产资源保护实施暂行办法》,将 1980～2018 年四川省发布的有关矿山地质环境保护与治理的政策按年份进行统计(由于并非所有年份均有发文,故未有发文年份舍去不计)。统计发现,2015 年后政策数量明显提升,这与我国落实生态文明建设有关,特别是与四川省矿产资源规划和"十三五"生态环境保护规划的制定有关。

4.2.2　四川省矿山地质环境保护与治理政策存在的问题

1. 矿山地质环境保护与治理实施细则尚待完善

四川省虽然出台了针对矿山地质环境保护与治理的政策,但是缺乏相关配套的实施细则及有针对性的技术标准。矿山地质环境保护与治理相关实施细则与技术标准仍然存在监管不到位和执行不到位的现象。应进一步对矿山开发区域环境治理项目管理制度进行补充,完善相关的法律法规。

2. 矿山地质环境保护与治理市场机制不完善

目前矿山地质环境恢复治理的投资优惠政策尚不完善，缺乏价格、财税、保险等经济激励手段，无法吸引社会资金投入矿山地质环境恢复治理的市场化机制。

3. 历史遗留矿山地质环境保护与治理政策尚需跟进

在过去很长一段时间废弃矿山较多，导致地质灾害隐患点多。在加快推进政策性关闭矿山、废弃矿山、国有老矿山和闭坑矿山等历史遗留矿山地质环境问题的处理和矿区损毁土地复垦等方面，仍然存在较多问题，治理任务依然繁重而艰巨，相关治理政策尚未跟进。

4. 乡镇、边远地区、个体矿山环境管理制度不到位

一些矿业公司环保意识淡薄，尤其是中小型矿山"重经济效益，轻环境保护"，矿山开发区域环境破坏严重。相关矿山地质环境保护的政策法规宣传力度不大，"重开发、轻保护"观念尚未根本转变，公众部分仍缺乏保护意识，公众对矿山地质环境保护的意识有待加强。由于乡镇、个体矿山的采、选、冶技术工艺落后，规模经济难以形成，矿山地质环境破坏问题十分严重。四川省乡镇及边远地区地方政府和相关部门管理力度不够，未全面落实上级法律法规和采取有效措施加强矿山地质环境管理，缺乏有效的监管制度和完善的监管体系。

4.2.3　四川省矿山地质环境保护与治理的政策建议

1. 完善四川省矿山地质环境保护与治理的规范和技术标准

通过分类分区开展矿山地质环境保护与治理研究，完善区域标准体系，对不同区域、不同矿产进行差异化有针对性的管理。在符合当地实际的情况下制定不同的技术规范和评价标准，制定与四川省污染物排放标准相关的分析技术规范，对矿山地质环境保护与治理的技术准则进行细化和规范。

2. 健全四川省矿山地质环境保护与治理市场机制

按照"谁投资，谁受益"的原则培育市场机制，出台激励性政策，运用价格、财税、投资、金融、保险等经济政策手段，积极争取专项资金，鼓励社会资金参与矿山生态环境治理，科学界定资金筹集标准，拓宽筹集资金渠道，深化环境污染责任保险试点，鼓励建立各种绿色发展基金并深化其市场化运作。

3. 健全四川省矿山地质环境保护与治理社会行动体系

矿山地质环境保护人人有责。全面实施矿山地质环境信息公开披露制度，完善矿山地质环境报道机制，及时主动公开重要矿山工程及问题。充分调动社会公众参与环境保护，提高公众参与的积极性，扩大公众参与的渠道，完善公众监督和举报反馈机制，建立矿山地质环境有奖举报机制，发展和壮大环境保护公益团体。

第5章 四川省绿色矿业建设概况

四川省矿产资源丰富、种类齐全，资源供应能力较强。四川省复杂的地质构造、频繁的岩浆活动有利于成矿。截至 2018 年，四川省查明资源储量的矿种有 92 种（亚矿种 123 种），其中天然气、钒、钛等 14 种矿产在全国查明资源储量中排第一位，铁矿、铂族金属、稀土矿等 10 种矿产在全国查明资源储量中排第二位。当前，四川省已经形成了矿产资源的勘查、开发、利用和加工的完整体系。四川省矿产资源有以下三个特点。①矿产资源种类齐全、总量丰富，但人均资源占有量低，且只有少数矿种储量可以满足开发需求。部分重要矿产以贫矿和低品质矿为主，富矿不足。②大型、特大型矿床集中分布在川西南、川南、川西北。川西南以黑色、有色金属和稀土资源为主，川南以煤、硫、磷、岩盐、天然气等非金属矿产为主，川西北以稀贵金属（锂、铍、金、银）为主。③共生、伴生矿较多，采矿和选治工艺难度较大。川西南的钒钛磁铁矿为铁、钒、钛共生，川南的煤矿为煤、硫共生，川西北的锂矿为锂、铍共生。

5.1 四川省绿色矿山建设概况

绿色矿山理念一经提出就受到社会各层面的关注。矿产资源行业的开发利用必须践行绿色矿山的理念，尤其是在煤炭资源、油气资源、金属矿产伴生资源的高效利用及矿山的现代化经营过程中。当前，四川省的绿色矿山已经树立了一批典型模范，起到了较好的示范引领作用。

为了更好地树立和践行"绿水青山就是金山银山"的理念，四川省 2017 年发布了《四川省绿色矿山建设工作方案》，计划到 2020 年基本建成高效节能、矿地和谐、环境友好型的绿色矿业发展新模式。

《四川省绿色矿山建设工作方案》提出，市级绿色矿业发展示范区要达到 50 个以上，省级 10 个以上，国家级 2 个以上，对历史遗留的矿山地质环境恢复和废弃复垦土地利用累计完成 2 万 hm²。同时，四川省各市州根据总方案的要求，因地制宜地制定符合本地区情况的绿色矿山实施规划方案，优先对储量和开采量较大的企业进行指导建设。

截至 2019 年，自然资源部（国土资源部）共进行了四个批次的绿色矿山的试点单位的遴选，四川省共有 12 家单位入选国家级绿色矿山试点单位，详细名单见表 5-1。

表 5-1   四川省国家级绿色矿山试点单位

序号	试点单位	所属市(州)
1	四川南江煤电有限责任公司南江煤矿	巴中市
2	都江堰拉法基水泥有限公司白衣庵泥岩矿山	成都市
3	都江堰拉法基水泥有限公司大尖包西段石灰岩矿	成都市
4	四川里伍铜业股份有限公司里伍铜矿	甘孜州
5	四川嘉阳集团公司(嘉阳煤矿)	乐山市
6	四川峨胜水泥集团股份有限责任公司峨胜采矿场	乐山市
7	攀枝花龙蟒矿产品有限公司红格铁矿	攀枝花市
8	四川安宁铁钛股份有限公司潘家田铁矿	攀枝花市
9	攀钢集团矿业有限公司兰尖-朱家包包铁矿	攀枝花市
10	四川凉山矿业股份有限公司四川省拉拉铜矿	凉山州
11	四川会理铅锌股份有限公司天宝山铅锌矿	凉山州
12	四川久大制盐有限责任公司长山盐矿	自贡市

2016 年,国土资源部对第一批和第二批试点单位进行评估,通过评估验收的共有 191 家矿山企业,其中包括了第一批的 35 家、第二批的 156 家。这 191 家矿山企业分布在 27 个省(自治区、直辖市),通过评估验收的企业数量居前五位的分别为山东、内蒙古、河南、湖北和甘肃。从两次的评估结果来看,总体状况良好,综合评分达到 90 分以上的有 102 家。在此次评估中,四川省参与评估的试点单位顺利通过了各项评估指标,在资金投入、人员安排及重点工程建设中均能够按照规划进行,部分矿山甚至超额完成了预期任务。

5.2   四川省绿色矿业示范区建设概况

2017 年 9 月,国土资源部办公厅发布了《关于开展绿色矿业发展示范区建设的函》(国土资源厅函〔2017〕1392 号),要求各地按照政策引导、地方主体,一区一案、突出特色,创新驱动、示范引领的原则,择优开展绿色矿业发展示范区建设。2020 年 4 月,自然资源部矿产资源保护监督司发布《关于补充完善绿色矿业发展示范区建设有关情况的函》(自然资矿保函〔2020〕19 号),要求各省(自治区、直辖市)结合绿色矿业发展示范区实际推进情况,对已报送的绿色矿业发展示范区建设方案进行修改完善。

建设绿色矿业发展示范区,首先要选取创建范围,以资源相对富集、矿山分布相对集中、矿业秩序良好的地区作为创建对象,可优先选择工作程度较高的能源资源基地、国家规划矿区或省级矿产资源规划中划定的重点规划矿区等,且要综合考虑区域内绿色矿山建设现有水平及其示范效应,避免从零开始。其次明确具体建设目标:打造矿业领域生态文明建设的样板区、资源合理开发利用先进技术和装备应用的展示区、矿山环境保护与矿地和谐的模范区、矿产资源管理制度改革的先行区(简称"四区")，引领带动矿业转型升级和绿色发展。打造"四区"具体要求如下：第一，打造矿业领域生态文明建设的样板区，将绿色理念贯穿到规划、勘查、开发利用与保护及矿山生态修复的全过程，体现源头预防、过程控制和末端治理，实现资源、经济、社会和生态效益最优化；第二，打造资源合理开发利用先进技术和装备应用的展示区，坚持创新发展理念，按照"重点研发一批，集成示范一批，推广应用一批"的思路，以绿色开采、节约循环利用、生态修复、数字化等技术为主攻方向，构建支撑矿业绿色发展的技术体系，打造促进矿业绿色发展的强大引擎；第三，打造矿山环境保护与矿地和谐的模范区，以协调、共享发展为主线，坚持以人民为中心，探索建立社会资本投入的矿山地质环境恢复治理市场化机制，完善资源开发利益在政府、企业、矿区群众之间合理分配的机制，使绿色矿业发展示范区成为惠民生、促协调的典范(刘宏等，2018)；第四，打造矿产资源管理制度改革的先行区，坚持开放、协调发展理念，坚持地方党委、政府对绿色矿业工作的领导，建立各部门联动、全社会参与的综合推进机制，坚持依法治矿，提升治理效能，成为矿产资源管理体制机制改革创新的典范。

2020 年 12 月，自然资源部公布河北省承德市等 50 个绿色矿业发展示范区创建名单，有 25 个省(自治区、直辖市)创建绿色矿业发展示范区。从数量来看，最多的是湖北省，创建 5 家绿色矿业发展示范区；其次是山东省和河南省，各创建 4 家绿色矿业发展示范区；创建 3 家绿色矿业发展示范区的有江苏、江西、广西、四川、新疆 5 个省(自治区)；创建 2 家绿色矿业发展示范区的有安徽、福建、湖南、云南、青海 5 个省；其余 12 个省(自治区、直辖市)各创建 1 家绿色矿业发展示范区。从区域来看，西部地区有 19 家，占总数量的 38%；中部地区有 16 家，占总数量的 32%；东部地区有 12 家，占总数量的 24%；东北地区有 3 家，占总数量的 6%。

绿色矿业示范区建设是绿色矿业发展新模式的创新性体现，是政府有关部门推动绿色矿业发展的重要抓手。绿色矿业发展示范区是矿山企业相对集中、矿山企业绿色矿山建设较优异、地区管理能力较强的一个区域，其建立有助于探索绿色矿业发展的思路与积累经验，以典型示范和辐射引领推动矿山行业绿色转型，科学高效地推进绿色矿业发展。

1. 马边县绿色矿业发展示范区建设

马边彝族自治县(简称马边县)矿产资源十分丰富。已发现的矿藏有磷、煤、石膏、石英砂岩、重晶石、黏土、铅锌、铜、铁等，已发现具有资源储量优势的矿种有磷、煤、石膏、铅锌、石英砂岩。磷矿是马边县的优势矿种，矿石平均品位为 21%～24%，富矿最高品位达 38%。磷矿主要分布在分银沟、大院子、老河坝、六股水四大矿区，均为大型矿床，查明储量约为 6 亿 t。煤矿储量约为 2.6 亿 t，主要集中在县城西部的三河口矿区、涉水坝矿区、镇江庙矿区、水碾坝矿区。铅锌储量较丰富，主要分布在烟峰镇、永红乡、梅林镇、雪口山镇，已查明储量为 1.83 万 t。石膏矿主要分布在下溪镇，储量约为 4 亿 t。

马边县在矿业转型发展的关键时期充分认清矿业发展新形势、新要求，积极推进绿色矿业示范区建设，保全了马边县的矿业格局。全县形成了科技含量高、资源消耗低、环境污染小的绿色矿业发展新格局，实现了节约高效、环境友好、矿地和谐的绿色矿业发展新模式。笔者与四川省地质矿产勘查开发局、成都理工大学联合编制了《马边县绿色矿业发展示范区建设方案(2018 年—2025 年)》。马边县绿色矿业示范区的建设遵照《关于加快建设绿色矿山的实施意见》中关于绿色发展示范区的建设要求，以及四川省、乐山市、马边县关于贯彻落实中央精神全面建成小康社会的要求，结合马边县矿产资源禀赋特征、矿产资源勘查开发利用现状，以及区域社会经济发展现状，以马边县优化升级矿业产业结构为重点，充分发挥马边县磷矿资源优势。

马边县绿色矿业示范区的建设以矿山地质环境恢复与治理为基础，以矿产资源开发利用水平提升为支撑，以新型矿产资源开发利用研究和新技术、新工艺应用为突破，把生态环境放在经济社会发展的突出位置，以建设马边县全区域绿色矿业示范区为目的，对马边县绿色矿业示范区建设主要任务、主要工程做出安排，把马边彝族自治县建设成为"绿色磷都，秀美马边"。

《马边县绿色矿业发展示范区建设方案(2018 年—2025 年)》建设的具体目标有：①优化勘查开发布局。②加快推进马边县绿色矿山建设。③全面推进绿色勘查。④促进矿业产业结构调整。⑤整体提升矿产资源开发利用水平。⑥加强矿山环境保护与恢复治理。⑦积极探索矿地融合发展。⑧建立绿色矿业发展工作新机制。

2021 年，由中国地质调查局郑州矿产综合利用研究所承担的"四川马边-金阳地区磷等重要矿产资源综合利用调查评价"项目对马边县矿产资源基本情况和发展现状进行了调研，为当地矿产资源管理、矿山环境治理及矿产开发利用技术提升等提供了科学依据，为四川中低品位磷矿绿色高效开发提供了技术支撑。该项目具体开展了以下工作。

一是查明马边-金阳地区矿产资源以磷、铅锌为主，有矿产地 45 处，其中磷矿 34 处、铅锌磷矿 9 处；从规模上看，有特大型矿 3 处、大型矿 10 处、中型矿 14 处；从分布上看，主要分布在马边、雷波两县。

二是以马边-金阳地区成矿潜力较好的大竹堡幅开展 1∶5 万矿产地质调查 450km²，圈定水系沉积物铅-锌-磷异常 9 处，新发现磷矿产地 1 处和找矿靶区 2 处；编制了大竹堡幅矿产地质图、成矿规律图、成矿预测图等图件。通过马边-金阳地区资源潜力动态对比，项目组发现该地区近 10 年找矿成果突出，按原地质储量标准计算，新增磷资源量(预测和查明)10.4 亿 t，为该地区磷矿的持续开发奠定了资源基础。

三是查明该地区磷矿开发以露天和地下开采结合形式进行，以开采矿石直接销售为主。该地区中低品位磷矿资源利用率较低，导致磷矿资源利用水平整体偏低。矿业开发对矿山环境的影响主要表现在：引发矿山地质灾害、破坏地形地貌景观、引发水土污染。经调研，该地区地质环境质量整体较好，这一发现为该地区磷矿大规模开发利用提供了依据。

四是掌握了制约该地区矿业经济发展的关键技术瓶颈，通过技术攻关形成了以"预抛-低酸度反浮选"为代表的中低品位胶磷矿绿色开发利用技术体系，并建设了示范项目，从近期和远期两个方面提出解决方案，为磷矿行业绿色可持续发展奠定了基础。

2. 攀枝花市绿色矿业发展示范区建设

攀枝花市矿产资源种类多，总量较丰富。截至 2020 年，在已发现的 76 类矿产中，有一定资源储量的有 39 种；矿产地 490 余处(含矿点、矿化点)，其中大型、特大型矿床 45 个，中型矿床 31 个；已得到开发利用的矿产达 40 种。优势矿产资源储量大，分布集中。钒钛磁铁矿、煤矿、石墨矿、冶金辅料石灰岩、白云岩为攀枝花的优势矿产，截至 2020 年，攀枝花主要矿种保有资源储量稳步增加。攀枝花市大型和特大型矿床分布集中，钒钛磁铁矿主要分布在攀枝花、红格及白马三大矿区；石墨矿主要分布在仁和区中坝、盐边县田坪等地；煤矿主要集中在盐边红坭矿区、箐河矿区和宝鼎矿区。攀枝花重要矿产资源严格受岩体、构造控制，成片产出，有利于形成综合性的矿物原料基地。矿床的共生、伴生矿产多，综合利用价值大。钒钛磁铁矿石中主要元素除铁、钒、钛外，还伴生有丰富的钪、镓、铌、锗等。

截至 2020 年，攀枝花市完成 4 幅 1:20 万区域地质矿产调查，覆盖攀枝花市全境。全境的 1:5 万区域地质矿产调查 32 幅，已完成 21 幅，覆盖率达 65.6%；有效探矿权为 30 宗，其中部级颁证权限 2 宗，省级颁证权限 20 宗，市级颁证权限 6 宗，县(区)级颁证权限 2 宗。探矿权主要囊括了钒钛磁铁矿、铜镍矿、石墨矿、煤矿、铂矿等矿种。重要矿产资源储量稳步增加，为攀枝花市矿业经济可持续健康发展提供了资源保障；有效采矿权为 130 宗，其中部级颁证权限 1 宗，省级颁证权限 47 宗，市级颁证权限 48 宗，县(区)级颁证权限 34 宗；其中以钒钛磁铁矿、煤矿、花岗岩为主，其次为镍、铅锌、石墨和建筑用砂石土类矿产等。

攀枝花市矿业经济发展稳健。攀枝花市矿业经济在 2015～2018 年经历了一个快速发展时期，2019 年，面对各种风险挑战明显上升的复杂局面，攀枝花矿业经济随着总体经济的增速放缓而回落，2020 年随着经济回暖，矿业经济快速上升明显。2015 年攀枝花市矿山工业产值为 83.99 亿元，2018 年达到 138.13 亿元，增长 64.46%。2019 年受经济形势影响有所下降，达到 80.22 亿元。2020 年随着经济复苏，钢铁需求量增大，钢铁价格猛增，全市矿山工业产值达到 125.34 亿元，矿业经济总体发展较好。

攀枝花市矿产资源开发利用布局和结构持续优化。2016 年来，攀枝花市加强矿业管理改革，推动矿产资源开发利用与区域协调发展，矿产资源开发利用布局和结构持续优化，矿业集中度有序提升，大中型矿山已成为矿产综合开发利用的主导力量，并形成较为完善的产业链和产业集群。攀枝花市合理引导采矿活动在鼓励区和重点区规模化集约化聚集，在限制区和禁止区有序退出以保护资源和生态。

攀枝花主要矿产资源"三率"水平稳步提升。2020 年，攀枝花市钒钛磁铁矿山有 9 个，年采出量为 4493.40 万 t，实际采矿能力为 4720.00 万 t/a。在产矿山采矿方法均为露天开采，平均开采回采率为 95.21%，铁的利用率为 70.09%(从原矿到铁水)；钒的利用率为 44.25%(从原矿到钒产品)；钛的利用率为 29.30%(从原矿到钛精矿)。目前攀枝花钒钛磁铁矿大中型生产企业的开采回采率、选矿回收率及除尾矿利用率以外的综合利用率基本能够达到攀西地区"三率"指标的要求。

攀枝花市以绿色矿山发展为理念，矿区生态保护修复工作效果显著。攀枝花市矿山企业编制矿山地质环境影响制度执行率达 100%。2016 年以来，攀枝花市有力推动绿色矿业发展，投入资金约 2.8 亿元，复垦工矿废弃地约 352hm²，治理矿山地质灾害 36 处，生态修复矿山 570hm²。攀枝花市推进山水林田湖草生态修复试点，以点带面发展绿色矿业，在深入推进资源开发与环境保护、社会进步协调发展方面取得了显著成效。

3. 会理市绿色矿业发展示范区

截至 2019 年，会理市共发现铁、铜、铅、锌、锡、煤、钒、钛、钨、石墨等各类矿产 74 种，基本探明储量的矿种 47 种，发现矿产地 202 处（未包括矿化点），先后建成开采矿山（企业）97 个，从业人员近万人，已成为四川省凉山州重要的有色金属、黑色金属及能源矿产基地。矿产资源种类较齐全，资源潜力较大。境内已发现铁、铜、铅、锌、镍、钨、锡、煤、石灰岩、白云岩、石英砂岩、耐火黏土等金属、非金属和能源矿产 70 多种。矿（点）床众多，规模矿床所占比例较高。已查明形成规模的矿产地 203 处，其中大中型矿床 23 个，矿点、小型矿床近 180 个，主要矿产查明资源储量较大，具有重要地位。铜矿资源居全省首位，铁矿、铅锌矿资源丰富。境内矿床的共（伴）生矿种多，综合利用价值大。钒钛磁铁矿共生的钛、伴生的钒、钪、镓、铬、钴、镍、钼、硫等有用元素，均具有很高的经济价值；铜矿伴生有银、硒、金、钴等；铅锌矿伴生有银、铟、镓、锗、镉等。优势矿产资源量较大，质量较好，资源保障程度高。煤矿、铁矿、铜矿、铅锌矿为会理市的优势矿产，其中铁矿、铜矿的储量大、勘查程度高、可选性好，可开发利用的优势极为突出。矿产资源地理分布集中。铁、铜、镍矿产主要分布于会理市境南部的鹿厂、黎溪、通安三个镇境内；铅锌、钨、锡、煤矿产主要分布于会理市境北部的益门镇境内。矿产资源开发利用外部条件优越。规划开发的铁、铜、铅锌矿等矿种的选冶性能良好，开采技术条件较好；市场、区位、基础设施条件良好。

截至 2020 年，会理市已完成 1∶20 万区域地质矿产调查、1∶20 万区域水文地质调查、1∶5 万区域地质调查、1∶50 万重力调查。勘查矿种包括铅锌、锡、铜、铁、钨、晶质石墨、铂、镍、金等，目前已取得阶段性成果。

截至 2020 年，会理市已设采矿权 87 宗。其中，部级、省级发证采矿权 37 宗，州级发证采矿权 19 宗，县级发证采矿权 31 宗。其中，铜矿采矿权 8 个，共生、伴生矿有钼、钴、金、银、铂等矿种，现保有铜金属量 57 万 t，钼金属量 10434t，钴金属量 7233t；铁矿采矿权 22 个，共生、伴生矿有钒、钛等矿种，现保有铁矿石量 3.394 亿 t，钛金属量 1368.54 万 t，钒金属量 64.83 万 t；铅锌矿采矿权 3 个，共生、伴生矿有银、镉等矿种，现保有铅金属量 6.154 万 t，锌金属量 16.49 万 t；煤矿采矿权 2 个，现保有资源储量 853.28 万 t；其余蛇纹岩、花岗岩、高岭土、石膏、脉石英、磷矿、矿泉水等非金属采矿权也具有相当大的资源储量。全市开发利用矿产有煤、铁、铜、铅、锌、锡、镍、磷、石膏等 38 种。开采规模达大型的矿山 5 宗，中型矿山 12 宗，小型矿山 70 宗。

为发展绿色矿业，会理市不断提升矿山企业技术水平和装备水平，矿产资源利用效率得到显著提高。2020 年会理市主要矿山的"三率"如下：①开采回采率，煤矿 76%～85%、铁矿 85%～97%、铜矿 85%～94%、铅锌矿 82%～86%；②选矿回收率，铁矿 50%～90.41%、铜矿 77.29%～94.68%、铅锌矿 82%～90%；③综合利用率，铁矿 46.70%～76.85%、铜矿 77.44%～87.86%、铅锌矿 67.24%～77.40%。铁矿综合利用矿山占铁矿山总数的 52.38%，铜矿综合利用矿山占铜矿山总数的 90%，铅锌矿综合利用矿山占铅锌矿山总数的 75%。矿山综合利用的主要是钒钛磁铁矿中的钒、钛，铜矿中的铁、钼、钴、金、银、硫，铅锌矿中的银及低品位矿石和尾矿利用。从矿山企业技术结构看，大中型矿山技术设备和"三率"指标均处于四川省较高水平。但是，一些小型矿山企业技术仍比较落后，共生、伴生矿产资源未得到充分利用，矿产品以初级产品为主，附加值低，深、精加工的产品少，集约利用程度不高。

近年来，会理市前后投入资金 1.83 亿元，完成 44 座重点尾矿库污染防治工程。矿山企业环境治理工程的全面开展，推动会理市生态环境保护工作实现从重视到抓实再到增效、从跟随到引领再到创新的转变，这为建设凉山南部绿色生态廊道，打造生态文明建设先行示范区提供了有力支撑，对推动长江经济带金沙江流域高质量发展提供了助力。

第6章 绿色矿业发展模式分析

6.1 国外绿色矿业发展模式分析

本节重点分析澳大利亚、加拿大、美国、英国的绿色矿业发展经验。

1. 澳大利亚

澳大利亚矿产资源丰富，是全球重要的矿产资源供应地，矿业是澳大利亚的支柱产业和传统产业之一。经过100多年的矿业发展和矿业立法规范，澳大利亚已成为全球矿业管理最好的国家之一。澳大利亚矿业企业的高度金融化使其在矿业投资和治理上游刃有余。澳大利亚绿色矿业发展模式成熟、机制体制完善，实现高度数字化和智能化是其深化绿色矿业发展的创新模式。澳大利亚绿色矿业发展的部分经验值得我们学习和借鉴。

澳大利亚矿业管理体现在政府职责分工明确、法律法规体系完善、投融资激励机制健全和矿业权制度齐备等方面。澳大利亚政府高度重视生态环境持续改善，在推进绿色矿业发展的过程中，首先树立了大的地球生态系统观，将矿区视为周边生态系统重要的一部分，考虑到矿山勘探和开发会对周边的植被、地质构造、地表水和地下水系统、生物多样性等产生较大的影响。因此，澳大利亚推进绿色矿业发展目标是以勘探、开发和修复等矿业活动必须围绕生态系统最小的影响和较大的恢复韧性为条件开展，政府重点从源头控制，注重准入制度和机制建立，通过市场机制倒逼矿山企业走金融化、规模化、集约节约化、现代化、机械化的绿色矿山建设之路，形成优胜劣汰的市场退出机制(刘登娟等，2018，2019)。

2. 加拿大

加拿大矿业是以政府管理为主导，与澳大利亚相同，也是以联邦和省级政府的两级管理为主。加拿大联邦政府主要承担全国及各省(地区)矿业活动的环境评估职能，包括生态环境修复、环境保护及保护区设立、渔业环境管理、健康问题监督、矿业活动信息统计等职能。加拿大省级政府主要承担管辖区内的矿业活动全过程管理，包括矿产资源的勘探、开发、开采，以及矿山建设、矿山复垦和关闭的全过程管控。两级政府通过分工协作，全方位、全过程地监督和管理矿业活动及其生态环境，管控体系主要包括完整的矿区恢复规划、矿山环境评估和矿山复垦与关闭管理等内容。

加拿大矿区恢复规划覆盖矿业活动的全部内容，包括矿山勘查活动的环境影响及恢复、采矿过程中及采矿结束后复垦等，企业从技术经济可行性、环境影响和恢复计划等方面全面做好分析与规划。矿山企业在取得采矿许可证前，必须提供矿山环境保护计划和环保措施、矿山复垦和关闭计划等，通过政府审查后还要通过现金支付、资产抵押、债券保险、法人担保等形式确保关闭、复垦及后续的处理或监督费用的到位。加拿大相对澳大利亚的押金缴纳制度更灵活，对一些资金能力较弱的中小矿山企业有一定支持。加拿大绿色矿业发展模式基本成熟、机制体制日趋完善，企业金融化程度逐步提高，规模化、现代化、机械化的能力增强，深化绿色矿业发展是其推进矿业发展的重要途径。

3. 美国

20 世纪 70 年代以来，美国高度关注环境质量问题，包括空气和水的质量、矿区复垦和环境变化、地质灾害发生、生态景观持续改善等。政府为此制定了严格的矿业管理和环境保护的法律法规，规定矿业活动必须保持土地、空气和水的原有水平，矿山闭坑后继续维持"原状"。对环境的影响评估和修复计划成为美国审批矿权的一个重要前提条件，政府严格对矿山勘探、开发的环境影响及防治措施进行审核，包括审核矿山企业提交的《环境影响报告书》和《防治措施计划》，并征询矿区所在地政府和社会公众的意见和建议后持续修改计划，各方意见一致后方可通过评估。通过评估后企业才能获得探矿权或者采矿权，在矿区开发前矿山企业还必须向矿区所在地政府交纳复垦保证金，以用于日后矿山闭坑的复垦工作。在矿业活动过程中，民众有权参与监督，一旦发现问题，民众可随时向管理部门或者法院提出诉讼。

美国的矿业发展模式强调矿业的可持续发展和环境保持"原貌"，注重企业履行社会责任，兼顾相关各方的利益。从前期规划、过程监管到闭坑验收，政府、企业、社会、市场开展多元化的矿业发展管控，将矿业活动对环境的扰动降到最低。现阶段，美国矿业发展处于"矿业 3.0"（智能化发展阶段）的前期，其绿色矿业发展模式极大推动了矿山开展数字化和智能化管理，尤其在露天矿的数字化方面。

4. 英国

英国是较早实现工业化的国家之一，矿产资源的开发为其社会发展提供了物质保障，也对其环境造成了巨大的破坏。从 20 世纪 60 年代开始，全球环境恶化和环境灾害频发让英国的政府和民众开始担忧，使其认识到保护环境的重要性。从此，政府不断加强矿山开发的环境保护和监管工作，通过颁布相应的法律、法规和出台相应的政策，规范矿业活动，对矿山企业的生产进行约束和限制，尤其是对已经闭坑的矿区土地生态环境进行恢复，以保护生态环境。

英国的矿业管控体系主要包括矿产规划管理、准入管理、环境保护监管和关闭复垦管理等内容。第一，政府发布矿产资源开发规划，并对矿区的生态环境保护、环境与安全管理、运输环节的环境保护、矿区废弃物循环利用和回填处理提出管控要求；第二，矿山企业根据政府发布的规划标准和要求编制开发计划和环境影响及恢复措施，提交政府审批，政府根据许可证准入制度开展评审并颁发矿产规划许可证（能源矿产还需要矿产开发许可证）；第三，政府依据相关法律对矿山企业活动开展监督管理，矿山企业则通过内控管理，建立安全和环境管理体系，通过 ISO14000 环境管理体系认证等；第四，政府实施差异化的矿山废弃与土地复垦管理，英国的矿山复垦责任划分是以 1971 年《城乡规划法》颁布时间为界线，《城乡规划法》颁布之前历史遗留的废弃矿山或者闭坑矿区复垦工作因难以规定矿山企业的责任主要由政府提供废弃地补助的方式来完成，《城乡规划法》颁布之后的闭坑矿山复垦由矿山经营者承担，复垦要求是在取得矿山许可证时就已经明确验收标准。

6.2　国内绿色矿业发展模式分析

不同学者对绿色矿业发展模式存在不同的看法，栗欣(2014)在《国家级绿色矿山模式研究》一书中将绿色矿业的发展模式分为资源利用模式、生态建设模式、科技创新模式和社区和谐模式。中国自然资源经济研究院专家认为，绿色矿业发展模式按发展阶段划分为成长、成熟、转型阶段；按资源类型划分为煤炭、油气、非技术等优势矿种；按不同环节划分为资源整合、技术装备、环境保护、矿地和谐、管理创新等。2010 年国土资源部发布了《建设国家级绿色矿山基本条件》，从依法办矿、规范管理、综合利用、技术创新、节能减排、环境保护、土地复垦、社区和谐、企业文化 9 个方面对绿色矿山的基本条件进行规定。2020 年自然资源部印发《绿色矿山评价指标》，对评价指标标准进行了统一，指标具体详细、可操作性强，包括 6 项一级指标、24 项二级指标和 100 项三级指标，分别从矿区环境、资源开发方式、资源综合利用、节能减排、科技创新与智能矿山、企业管理与企业形象 6 个方面对绿色矿山建设水平进行评分，总分 1000 分。

参考自然资源部发布的《绿色矿山评价指标》，本节从矿区环境美化模式、资源开发模式、资源综合利用模式、节能减排模式、科技创新与智能矿山模式、企业管理与企业形象模式 6 个方面梳理国内主要省份绿色矿山和绿色矿业发展的具体模式及具体措施。

6.2.1　矿区环境美化模式

矿区环境美化是指矿山和矿山所在区域生态环境的绿化和美化，包括矿区的功能分区、生产生活配套设施、固体废物的排放、管理规范及清洁情况等。本书从矿容矿貌绿色模式和矿区绿化模式梳理具体模式，典型矿山企业包括大屯煤电(集团)有限责任公司姚桥煤矿、山西焦煤集团有限责任公司东曲煤矿等，具体做法有创建"花园式"矿山、矿区功能分区布局合理等(表 6-1)。

表 6-1　矿区环境美化模式

具体模式	典型企业	具体做法
矿容矿貌绿色模式	大屯煤电(集团)有限责任公司姚桥煤矿	创建"花园式"矿山 合理布局矿区功能分区 采取全封闭管理 采煤不见煤
	山西焦煤集团有限责任公司东曲煤矿	煤矸石返井充填
矿区绿化模式	南京银茂铅锌矿业有限公司栖霞山铅锌矿区	采矿不见矿 风景名胜区相互融合、和谐发展
	徐州中联水泥有限公司	永久边坡、台段、临时台面、植草绿化 对矿区外围进行绿化改造 开展废弃宕口综合治理和生态修复 建设与自然景观有机融合的"花园式"矿山
	临沂润地矿业有限公司	建成绿色种植基地、昆虫生态养殖基地、旅游基地
	山东卧龙山田园综合体建设开发公司	修建玻璃栈道 修建深坑酒店

6.2.2　资源开发模式

资源开发包括矿产资源开采、选冶、加工及矿山闭坑后的土地复垦和矿山环境恢复治理等，要求矿产资源的开采技术、选矿及加工工艺符合相关规定，对各类场地能按照方案及时治理、复垦，恢复土地功能等。本书从资源开采、选矿加工、矿山环境恢复治理与土地复垦梳理具体模式，典型矿山企业包括南京金焰锶业有限公司、中国黄金集团内蒙古矿业有限公司等，具体做法有采用尾砂胶结充填工艺、废石就地充填采矿工艺等（表 6-2）。

表 6-2　资源开发模式

具体模式	典型企业	具体做法
资源开采模式	南京金焰锶业有限公司	采用尾砂胶结充填工艺 采用废石就地充填采矿工艺 采用上向分层胶结充填采矿工艺
选矿加工模式	中国黄金集团内蒙古矿业有限公司	选矿自动化 全自动化信息管理
	南京金焰锶业有限公司	采用锶矿（天青石）重-浮联合选矿技术 采用天青石黄铁矿高效分离选矿技术
矿山环境恢复治理 与土地复垦模式	中国黄金国际资源有限公司	引入太阳能工程循环用水工艺 引入节水滴灌技术
	云南恒达矿业有限公司	自然恢复 采用 PPP（public private partnership，公共私营合作制）模式筹集各类资金 禁止开采所有磷矿 大面积推广蓝莓等低肥作物 湖边建成人工湿地 美化、绿化入湖河道

6.2.3　资源综合利用模式

资源综合利用是对矿产资源在勘查、开发、利用等环节实现资源的节约、集约与综合利用。本书从共生、伴生资源综合利用，固废处置与综合利用，废水处置与综合利用梳理具体模式，典型矿山企业包括内蒙古维拉斯托矿业有限公司、内蒙古黄岗矿业有限责任公司等，具体做法有开展小断面开采、分采分运等（表 6-3）。

表 6-3　资源综合利用模式

具体模式	典型企业	具体做法
共生、伴生资源综合利用模式	内蒙古维拉斯托矿业有限公司	开展小断面开采 分采分运 充分利用低品位矿石 提高采矿回收率
固废处置与综合利用模式	内蒙古黄岗矿业有限责任公司 山东兖州煤业股份有限公司济宁煤矿	建设钨锡分离的生产车间 矸石充填置换出的煤炭用于发电 发电的废料粉煤灰用于注浆

续表

具体模式	典型企业	具体做法
废水处置与综合利用模式	大屯煤电(集团)有限责任公司姚桥煤矿	预处理的矿井水用于注浆、地面煤流系统 深度处理后的矿井水用于生活用水 浓水用于选煤厂洗煤用水
	山东兖州煤业股份有限责任公司	废水综合利用的内部循环链
	中国黄金集团内蒙古矿业有限公司	城市中水利用于选矿

6.2.4 节能减排模式

节能减排是矿产资源开发利用过程中节约能源和减少污染排放,具体包括建立全过程能耗核算体系,制订能源管理计划,处理生产过程中的废气、废水、固废和噪声的排放等。本书从节能降耗、固废处置与综合利用、固废排放、噪声排放梳理具体模式,典型矿山企业包括大屯煤电(集团)有限责任公司姚桥煤矿、河南焦煤能源有限公司赵固二矿等,具体做法有推进减人缩面管理、下调高能耗产量比等(表6-4)。

表6-4 节能减排模式

具体模式	典型企业	具体做法
节能降耗模式	大屯煤电(集团)有限责任公司姚桥煤矿	推进减人缩面管理 下调高能耗产量比 实施热电联供 使用变频电机车
	河南焦煤能源有限公司赵固二矿	发展清洁生产 提高能源利用率 利用政策降低成本
固废处置与综合利用模式	金徽矿业股份有限公司郭家沟铅锌矿	建成井下操作车间 充填采空区 废水封闭式循环使用
	赤峰山金红岭有色矿业有限责任公司	降低矿柱回采的贫化率、损失率 整改脱硫设施减排废气
	徐州中联水泥有限公司大蒋门水泥用灰岩矿	安装自动洗车系统 配备洒水车、清扫车 建设全封闭输送廊道 建设大型全封闭的原煤堆棚
	江苏信宁新型建材有限公司	采用雾炮降尘 设置冲洗平台,全车冲洗载重车辆
	河南焦煤能源有限公司赵固二矿	采用废气治理设施控制排放物浓度
固废排放模式	大屯煤电(集团)有限责任公司姚桥煤矿	循环利用煤矸石 矸石用于塌陷地治理
	江苏苏盐井神股份有限公司下关盐矿	循环运行"充填式水溶法开采"与"双井连通生产工艺"
噪声排放模式	河南焦煤能源有限公司赵固二矿	选用低噪声的生产器械装备

6.2.5　科技创新与智能矿山模式

　　科技创新与智能矿山是充分发挥创新驱动产业发展的作用,将先进的科学、技术、工艺、专业人才运用到矿山建设与运行中,促进矿山智能化、智慧化、现代化,包括建设技术研发队伍、建立产学研用协同创新体系、认证高新技术企业、开展智能矿山建设计划等。本书从科技创新和智能矿山梳理具体模式,典型矿山企业包括烟台宜陶矿业有限公司、南京银茂铅锌矿业有限公司栖霞山铅锌矿等,具体做法有与科研单位合作、建设有色金属采选工程技术研究中心和省级企业技术中心两个科技平台等(表 6-5)。

表 6-5　科技创新与智能矿山模式

具体模式	典型企业	具体做法
科技创新模式	烟台宜陶矿业有限公司	与科研单位合作
	南京银茂铅锌矿业有限公司栖霞山铅锌矿	建设有色金属采选工程技术研究中心和省级企业技术中心两个科技平台
	枣庄矿业(集团)有限责任公司新安煤矿	产学研结合
	江苏苏盐井神股份有限公司下关盐矿	建立 "以矿山为主体,以科研院所为依托,产学研相结合" 的企业创新体系 建立两个院士工作站 成立人才培养基地
	山西蒲县宏源集团富家凹煤业有限公司	实施智能化升级改造 开展矿山信息化、自动化深度融合 实现工作面自动化生产模式
	中国黄金集团内蒙古矿业有限公司	采用国内自主研发的大型工艺设备 率先使用节水的尾矿膏体输送及尾矿堆坝等
智能矿山模式	洛阳栾川钼业集团股份有限公司	在无人矿山领域应用 5G 技术
	大屯煤电(集团)有限责任公司姚桥煤矿	建成投用智慧调度中心、智慧党建中心、智慧安全监控中心、智慧市场结算中心
	徐州中联水泥有限公司	实现数字化和中央控制室操作
	句容台泥水泥有限公司矽锅顶水泥灰岩矿	引进德国 SAP(system applications and products,系统应用程序与企业管理解决方案的软件名称)系统 采用 PDA(personal digital assistant,个人数码助理又称掌上电脑)智能设备巡检系统

6.2.6　企业管理与企业形象模式

　　企业管理与企业形象是指矿山企业通过加强现代治理,积极塑造企业形象,提升企业竞争力和影响力,在企业年度计划中制定绿色矿山建设内容、目标、指标和相应措施,建立绿色矿山考核机制,开展绿色矿山文化建设,制定功能区、职业健康、环境保护等一系列管理制度,参加公益募捐活动,并进行依法纳税、履行相关义务。本书从绿色矿山管理体系、企业文化、社区和谐梳理具体模式,典型矿山企业包括江西省地产开发集团有限责任公司、山东黄金集团有限公司三山岛金矿等(表 6-6)。

表 6-6　企业管理与企业形象模式

具体模式	典型企业	具体做法
绿色矿山管理体系模式	江西省地产开发集团有限责任公司	开展全域生态修复 聘请高水准专业设计团队 分区分类、因矿因地开展生态修复 自然恢复、工程治理、土地整治和建设转用相结合 政企合作共赢 生态效益与经济效益相结合
企业文化模式	山东黄金集团有限责任公司三山岛金矿	构建"沟通－结对－互助－共建"社区文化
	山东蒙阴戴蒙金刚石有限公司	基于"钻石文化"发展旅游业
社区和谐模式	赤峰山金红岭有色矿业有限责任公司	建设矿区小公园及牧民健身公园 修缮校舍 解决当地农牧民就业问题
	内蒙古银都矿业有限责任公司	利用废石修筑尾矿坝和修路 参加当地公益事业
	赤峰浩洲矿业有限责任公司	为居民缴纳医疗保险
	西藏华泰龙矿业开发有限公司	投资改善教育、交通、基础设施 招录藏族员工比例增加

6.3　典型绿色矿山案例

我国绿色矿山建设工作开展以来，绿色矿山试点单位做出了各具特色的探索，形成了一批具有示范和推广效应的发展模式与路径。全国绿色矿山企业都能自觉做到依法办矿，根据国家法律法规制定适合企业发展的管理制度。随着创新驱动发展战略的实施，企业开始注重技术创新，在技术创新方面投入大量的人力、物力、财力。同时，经济的快速发展使能源消耗增加，在社会效益、经济效益和生态效益的驱动下，企业既重视资源的综合利用和节能减排，也注重形成良好的企业文化，与矿山周围的村民建立和谐关系。

6.3.1　河北钢铁集团矿业有限公司绿色矿山建设

作为首都生态环境的支撑区和水源涵养区，河北省高度重视绿色矿山建设，省政府设定了绿色矿山发展的远期、近期目标，积极推进各市绿色矿山建设规划编制工作，明确建设任务和时序，充分发挥专业技术人员的支撑和咨询服务作用，建立审查专家库与矿山储备库，矿山企业创建绿色矿山的积极性逐年高涨。河北省形成了包括剥离岩土填海造地、水资源循环利用、创新工作室和企地共建新农村模式的司家营模式。

司家营铁矿隶属于河北钢铁集团矿业有限公司，位于河北省唐山市滦州市城南 10km，是冀东矿脉的一部分，我国三大铁矿区之一。2012 年，它被确定为第二批国家级绿色矿山试点单位。司家营铁矿在实践中逐步形成了一些具有自身特色的建设方式——司家营模式。

在综合利用方面，司家营模式拓展了尾矿、废水处理与利用方式。传统模式依矿建设排土场,出现尾矿库占用耕地的难题,而司家营铁矿打破传统模式,制定剥离岩土填海造地的方案,利用煤矿塌陷坑作为尾矿库址。此外,矿山实现了水资源循环利用,生产废水经尾矿库沉淀后返回选矿生产,生活污水通过污水处理站处理后回到生产,实现废水零外排。

在技术创新方面,司家营模式成立职工创新工作室以鼓励基层创新。职工创新工作室以职工名字命名,广泛吸纳创新意识强、技术水平高、肯钻研的员工。职工创新工作室的主要任务是研究如何解决生产与设备故障,改善设备维修中遇到的各种疑难杂症,同时培训职工的维修技能。创新工作室提高了设备完好率、有效作业率,延长设备使用寿命、降低了能耗,使公司获得了多项专利。

在社区和谐方面,司家营铁矿实行企地共建新农村模式。司家营铁矿为当地居民建设学校、文化场馆和民居等设施,同时帮助振兴地方经济,不仅安排每个家庭的其中一个人到企业工作,还为失业的农民发养老金。司家营铁矿企业的一系列措施使当地居民在矿山开发占地、拆迁的同时生活依然有保障。

6.3.2 中盐金坛盐化有限责任公司绿色矿山建设

江苏省形成了智能设备巡检系统管理、充填采矿、技术选矿、双井连通生产、数字化技术生产、产学研相结合、色选机选矿、喷淋降尘、雾炮降尘和"花园式"矿山建设等典型做法。

中盐金坛盐化有限责任公司位于江苏省常州市金坛经济开发区,其下辖的金坛盐矿是江苏四大盐矿地之一。金坛盐矿在实践中逐步形成了钻井水溶法模式、建设储气库模式、循环利用模式和"贤文化"模式。

在综合利用方面,金坛盐矿突破了岩盐资源作为一次性资源开发利用的局限,充分利用地下溶腔空间资源,分别与中石油、中石化合作建设成中国"西气东输""川气东送"两大盐穴储气库,与港华储气有限公司合作建设成商用储气库等。金坛盐矿采用钻井水溶法进行地下盐岩开采,在开采过程中实现采卤机械化,输卤管道化,巡检日常化,卤水加工生产采用了世界上最先进的"多效蒸发、盐硝联产"等先进生产工艺,采用先进的"单效机械压缩+母液回收"新工艺回收伴生芒硝资源。金坛盐矿开发盐泥回收工艺,将岩泥回注入废弃的盐井溶腔中,研究盐泥的电厂脱硫、建筑材料添加剂等综合利用。

在节能方面,金坛盐矿在电力、余热、蒸汽、废水等各方面开展节能研究,对生产区用电设备进行全面的节能变频改造,节省电力资源;对盐厂制盐生产过程中的余热(水)资源回收利用,回收余热(水)资源;对盐厂二期制盐蒸发过程中产生的二次蒸汽进行回收利用,回收蒸汽资源;对制盐中产生的废水进行循环利用,将废水全部输送至矿区,再次注入井内,循环利用。

在企业文化方面,金坛盐矿成立企业文化研究部门,以"贤文化"作为矿山建设的核心价值观,将文化融入生产。矿区的基本矛盾是传统理念与现代文明的冲突、融合,企业充分吸收精髓,摒弃糟粕,为现代绿色矿山文化提供了支撑,打造了以传统文化为基础的"贤文化",提出"明本顺性"的企业价值观,最终实现"贵和致远"的企业愿景。

6.3.3 青海都兰金辉矿业有限公司绿色矿山建设

青海省自然资源厅联合省发展改革委等 11 个部门印发《青海省绿色矿山建设实施方案》,建立健全绿色矿山工作机制,全面推进省、市、县三级绿色矿山联创联建活动。青海地矿系统遵循"创新、协调、绿色、开放、共享"的新发展理念,探索出了资源节约利用、环境有效保护、企地和谐发展的青藏高原绿色矿业发展新模式,形成了金辉模式、尾矿库建库等典型做法。

青海都兰金辉矿业股份有限公司(简称金辉矿业)位于都兰县五龙沟地区昆仑山腹地,属于高原荒漠区。金辉矿业在发展中逐渐探索出适合高原绿色矿业发展的金辉模式。

在技术创新方面,金辉矿业做接地气的科研,设立了青海省金矿资源开发工程技术研究中心,这是西北唯一一所金矿资源应用性研究机构,主要探索适合本矿区矿石性质的工艺,该机构在国内难选金矿浮选技术领域处于先进技术水平。金辉矿业还通过与国内外多所大学、企业合作实现多项重要的技术突破。在与南非百奥明饲料添加剂(中国)有限公司的合作中,开展金精矿生物预氧化试验,攻克了矿石中有害元素无害化处理的技术难题,填补了青海高原生物预氧化技术的空白,前瞻性地实现了无氰矿山。

在社区和谐和企业文化方面,金辉矿业把做好企地共建当作生存发展的企业文化,与企地共建村建立良好的帮扶关系,筹集资金用于打造"高原产业第一村"。金辉矿业与施工单位共建矿区景观亭、人工湖、健身小广场等基础设施,在生活区一律采用太阳能设施,力求节能低碳,实现了水域、绿化和道路硬化全覆盖,矿区环境和气候条件得到了有效改善。企业经常组织职工开展形式多样的培训,逐步形成了"爱岗敬业、主动作为、开放自信、感恩奉献、担当创新、追求卓越"的金辉精神。这些以企业安全生产、员工素质提高为内容的发展理念和生态保护优先理念成为金辉矿业绿色发展、高质量发展的思想基础。

6.4 四川省绿色矿业发展模式分析

6.4.1 四川省绿色矿业发展模式典型经验

1. 矿区环境美化模式

四川省矿山企业积极开展矿区环境美化,不断实现矿区功能合理分区,生产生活配套设施完善,固体废物的排放和管理规范,清洁合格等,典型矿山企业包括凉山矿业股份有限公司,具体做法有采用"边生产、边绿化"模式、全程湿式作业等(表6-7)。

表 6-7 矿区环境美化模式

具体模式	典型企业	具体做法
矿区绿化模式	凉山矿业股份有限公司	采用"边生产、边绿化"模式 全程湿式作业 对闭库的尾矿库进行绿化改造 提高环境恢复治理率 合理规划场地 在尾矿库建成职工生活休闲健身区 建设在线监测设施

2. 节能减排模式

四川省矿山企业积极开展节能减排降耗，建立全过程能耗核算体系，制订能源管理计划，处理生产过程中的废气、废水、固废和噪声的排放。典型矿山企业包括雅安正兴汉白玉股份有限公司、凉山矿业股份有限公司等，具体做法有设立节能委员会、建立生产全过程能耗核算体系等(表 6-8)。

表 6-8 节能减排模式

具体模式	典型企业	具体做法
节能降耗模式	雅安正兴汉白玉股份有限公司	设立节能委员会 建立生产全过程能耗核算体系 使用清洁能源车和油电混合车 选用低损耗节能变压器并配置功率补偿器 设置热效率高、散热损失小的采暖设备 采用高效节能光源
废气排放模式	凉山矿业股份有限公司	大力推动节能低碳技术的研究与应用 建成环集烟气系统
	攀钢集团有限公司	采用大型电动设备穿孔、铲装 安装除尘设施
	四川安宁铁钛股份有限公司	研发全密闭自流输送技术 处理二氧化硫
废水排放模式	凉山矿业股份有限公司	实施铜冶炼炉渣选矿项目 开展系列设备设施改造 实施工业废水全闭路循环利用
	攀钢集团有限公司	废水用于采场作业洒水 生活污水处理后用于矿区生态环境绿化 尾矿回水处理后进行循环利用
噪声排放模式	攀钢集团有限公司	采用一系列降噪设备

3. 科技创新与智能矿山模式

四川省矿山企业深入实施创新驱动发展战略，运用大数据、云计算、工业互联网、人工智能等现代技术，建设技术研发队伍、建立产学研用协同创新体系，开展智能矿山建设计划等，典型矿山企业包括雅安正兴汉白玉股份有限公司、凉山矿业股份有限公司等，具体做法有建立复绿试验田、建成矿山找矿科研基地等(表 6-9)。

表 6-9　科技创新与智能矿山模式

具体模式	典型企业及试验区	具体做法
科技创新模式	雅安正兴汉白玉股份有限公司	建立复绿试验田
	凉山矿业股份有限公司	建成矿山找矿科研基地 实施建模与应用数字化矿山建设工程 优化爆破设计参数 降低采矿贫损指标
	攀西国家级战略资源创新开发试验区	发展创新和科技攻关"双轮驱动"模式

4. 企业管理与企业形象模式

四川矿山企业加强绿色矿山管理和绿色矿山企业形象塑造，企业年度计划中包含绿色矿山建设内容、目标、指标和相应措施，建立绿色矿山考核机制，开展绿色矿山文化建设，制定功能区、职业健康、环境保护等一系列管理制度，参加公益募捐活动，并进行依法纳税、履行相关义务。本书从绿色矿山管理体系、社区和谐和企业诚信梳理具体模式，典型矿山企业包括雅安正兴汉白玉股份有限公司、攀西国家级战略资源创新开发试验区等，具体做法有制定了定时巡检矿山地质灾害制度、成立钒钛磁铁矿标准化技术委员会等(表 6-10)。

表 6-10　企业管理与企业形象模式

具体模式	典型企业及试验区	具体做法
绿色矿山管理体系模式	雅安正兴汉白玉股份有限公司	制定定时巡检矿山地质灾害制度
	攀西国家级战略资源创新开发试验区	成立钒钛磁铁矿标准化技术委员会 加强对矿业环境的监察、监测 建立矿产资源开发企业的进入和退出机制 对部分上、下游相关企业进行兼并重组 整合政策、产业等方面的优势 加快构建钒钛全产业链集群
	四川龙蟒集团有限责任公司	兼并重组小型企业、排污不达标的企业 重新编制开采设计和土地复垦的方案
社区和谐模式	四川安宁铁钛股份有限公司	捐赠 抗震救灾 新农村建设
企业诚信模式	雅安正兴汉白玉股份有限公司	严格遵守法律法规 自觉接受相关部门监督 足额缴纳相关税费

6.4.2　四川省绿色矿业发展模式存在的问题

1. 资源开发方式

缺乏专业化监管。绿色矿山建设推进的主体是企业，主要通过矿山企业自评，但部分矿山企业对绿色矿山建设行业规范及绿色矿山遴选工作相关政策要求的理解不透彻，开展绿色矿山建设工作重点不突出，容易忽略科技创新、企业文化、人文关怀、企地和谐等相关内容。绿色矿山的遴选工作主要依靠第三方机构评估，缺乏专业化监管。目前对第三方机构缺乏法律约束、管控，难以保证绿色矿山企业评定的客观和公平。

监管缺乏立法保障。绿色矿山建设不是矿山企业必须履行的责任和义务，在监管上缺少法律约束，缺少强制性，一些规模小、利润低的小规模矿山企业开展绿色矿山建设的意愿不强，政府相关职能部门对这类企业没有行政执法及处罚的依据。地方政府对绿色矿业示范区建设内涵不了解，难以制定推进工作的计划和实施方案，导致推进的难度加大，在土地方面仍面临建设用地指标不足的问题。

2. 资源综合利用

小矿山乱采滥挖造成资源浪费。一些小矿山企业缺乏资金、技术、管理，导致采富弃贫、采易弃难现象屡禁不止，矿产资源浪费现象严重。各地区、各乡镇矿山技术单一，各自经营，规模生产和规模经济未能形成。

综合利用技术水平相对落后。矿产资源的复杂特征对综合利用技术要求高，但矿产加工技术落后、成本偏高，采矿选冶过程中自动化水平较低，造成组分丢失。部分矿山企业先进、高效、大型的设备较少，缺乏对尾矿等回收处理的设备。

3. 节能减排

综合整治任务艰巨。固体废物产生量大，由于市场、价格、产品性能等各种因素限制，大量工业固体废物未得到有效安全处置或利用。生活垃圾和污水处理设施建设能力不足，收运体系、分类管理有待加强，部分地区尚未建成规范的垃圾中转或处理处置设施。

矿山地质环境保护与治理恢复仍需加强。矿产资源开采过程造成的地表塌陷、水土流失、污染物排放、环境植被破坏等问题仍很严重，大量矿山废弃固体堆砌场和尾矿堆放库存在地质安全隐患。历史遗留矿山废弃土地治理的财政投入相对有限。

4. 科技创新与智能矿山

技术创新能力不足。绿色矿山建设很重要的一条就是建设现代化、数字化、信息化矿山，要求矿山企业全面推进生产设施设备的现代化升级，生产加工工艺向高科技转化。一些矿山企业采用信息化技术管理运营能力欠缺，互联网+、大数据、物联网、移动互联技术应用较少，没有从根本上改变传统的开采方式。小型矿山企业仍然存在生产方式粗放，规模小，生产工艺落后，资源利用效率低等问题，采用传统老旧的开发技术直接导致矿产资源的开发水平低，综合利用能力差，技术创新不足，严重制约绿色矿山建设的高质量发展（张荣光等，2016）。

技术创新资金不充裕。想要建设数字化、现代化矿山需要大规模的改造升级，投入更大比例的成本，小型企业通常更加重视企业的眼前效益，不愿在科技上创新上投入，不愿意投资购买先进的工艺设备。

技术人才缺失。矿山企业科技创新离不开专业的人才团队，但是很多高新技术型人才不愿意到小企业工作。中小企业对人才引进、人才培养和人才队伍建设重视程度相对偏低，导致技术创新无人可用，而不创新就更加难以吸引人才，最终陷入恶性循环。

5. 企业管理与企业形象

1) 绿色矿山管理体系

顶层设计不完善,政策法规亟须配套。推进绿色矿山建设的政策主要分为两个方面,一是矿产资源集约节约与综合利用政策,二是矿山环境保护与生态修复。总体来说四川省矿业绿色发展的相关政策法规还存在不完善的地方。首先是政策覆盖面不全,一些政策只覆盖矿产资源的开采和复垦环节,较少涉及资源勘查环节。其次是优惠政策不完善,优惠政策数量占总体政策的比例小且偏约束型,优惠的范围小且力度也不大。

财政政策有待完善。开展绿色矿山建设需要投入大量的资金,可能导致企业利润缩水,影响企业的经济发展。四川省现有的资金支持政策和财政资金投入过于碎片化,没有制定专门针对绿色矿山发展的专项扶持政策。另外,资金的专款专用导致资金不能利用在绿色矿山建设的其他短板上,造成财政资金使用零散。绿色矿山与非绿色矿山在享受财政资金支持上没有差别,绿色矿山建设财政资金的申请、后续监管及验收工作要求高,导致财政政策的激励效果并不明显。

税收优惠不足。四川省出台了支持绿色矿山建设过程中资源利用、清洁生产、生态治理、科技创新等方面的税收政策,虽然有一定的优惠,但是优惠力度小、激励层面少。例如,矿山企业实现了矿产资源的综合利用后也仅能获得特定方式的退税,覆盖面窄。在优惠幅度方面,在生态环境保护和清洁排放上优惠力度不大,企业争取的积极性不高。从实践来看,矿山企业在建设绿色矿山的过程中资金投入大,仅靠现有特定的税收优惠难以激发企业的建设动力。

2) 企业文化

未树立牢固的绿色矿山建设理念。矿山企业开展绿色矿山建设主观能动性不足,经济效益本身就不高的企业缺乏责任意识、担当意识,矿山企业在绿色矿山建设过程中往往只注重外在"面子工程"。此外,社会群体对矿山如何建设、如何开采知之甚少,没有树立绿色矿山的理念,也没有起到社会监督的作用。

3) 企业管理

缺乏联动协调。绿色矿山建设工作机制是由各级自然资源部门引导,行业协会组织和提供技术支撑。按照利益相关者理论,绿色矿山建设的主体不仅包括自然资源部门和矿山企业,还包括财政、环境保护、金融、税务等多个职能部门及矿山社区等。不同职能部门分管绿色矿山建设的某一方面的事务,包括生态修复、安全生产、环境保护、矿山用地、合法开采资源等,各职能部门缺乏沟通协调,缺乏多主体协调机制。

6.4.3 四川省绿色矿业发展模式建议

矿山企业应积极履行绿色发展社会责任,严格执行环境保护的相关制度,在开采矿山的同时采取措施保护、恢复和治理环境,实现绿色可持续发展。企业应制定矿山环境保护和治理的具体方案,对可能出现的地质灾害制定预防和治理措施。对开采过程中出现的问题应及时处理。企业可采用地下开采的方式做到无废开采,可将矿地按功能分区,对生活区植树种草,对工业场地进行专项整治、局部改造。同时,企业应采用措施合理选取尾矿库位置，提高装卸效率、破碎效率和运输效率，将环境污染风险降到可控范围内。

国家相关部门应该完善绿色矿山建设的政策法规，使政策覆盖矿产资源开发的全部环节，增加相关优惠和资金支持政策，使矿山企业得到有效的激励和扶持，提高企业创新的积极性，对绿色矿山建设的专项政策查漏补缺。矿山企业应在国家发布的绿色矿山标准基础上，根据企业能力和矿山情况制定具体有效的规章制度、建设标准和保障措施等。

在资源综合利用和节能减排方面，矿山企业应积极制定能源损耗的管理措施，加强对开采生产过程中能源消耗情况的监测，同时在企业中加大宣传力度，提高员工的节能意识。在充填采矿方面，企业应以"安全开采、科学开采、经济开采"为原则，本着"技术合理，经济有效，充分回收"的思想，不断提高采区回收率。根据地质条件、矿种类型选择不同的开采技术，提高采矿回采率、选矿回收率等，采前进行安全评价，摸清地质构造形态及水文地质条件，指导合理开采，防止地质构造形态不清和水文地质条件复杂造成资源损失。在生产工艺改进方面，企业应积极引用和研发先进的技术、工艺和设备进行科学开发，合理利用资源。在环境保护方面，企业应通过设置收尘器、雨水降尘、雾炮降尘、自送洗车系统等措施减少粉尘排放。在优化供电系统方面，企业应通过变频改造电机设备，控制工厂用电功率和用电时间等以减少耗电量。

矿山企业应在思想上重视科技进步，积极主动推动数字化、信息化、智能化、自动化矿山建设。企业应加大在科技创新方面的经费投入，每年用于技术创新的资金应不低于总产值的 1%，主动发现并淘汰落后的产能，引进先进的数字化设备，不断优化工艺流程、革新工具设备，提高办公和生产效率，提升决策的智能化和科学化水平。矿山企业应积极成立研发部门，与政府部门、科研院所、其他企业等建设科技平台，提高工作待遇，吸引具有丰富科研经历的人员参与矿山企业的技术研发工作，组建专家团队对企业的生产、研发进行技术指导。

政府相关部门应加强对不主动开展绿色矿山建设的企业的管理，协调各部门从不同方面有效地管理矿山企业。政府应通过清理探矿权、整合采矿权，促进资源向优势企业集中，推进矿产资源规模开发和集约利用。鼓励资金雄厚、技术先进的大企业对排放不达标、资源浪费、环境破坏严重、效益低下的矿山企业进行重组和整合。企业应加快产品结构由初级产品向精深加工产品转型，推动产业高端化、终端化发展，建设具有国际水平的精深加工基地。矿山企业应主动采用智能系统提高管理效率，完善工资增长机制和人文关怀制度，增加职工的积极性、凝聚力和幸福感。

企业在生产过程中应注重与矿山周边居民区的共同发展，树立良好的企业形象，形成正确的企业文化和价值观。企业应当主动维护当地居民的权益，在开发和生产过程中及时发现并解决影响居民生活的问题，妥善处理各种矛盾。对矿山开采造成的搬迁问题，企业应当积极给当地居民改善交通，修建新的房屋住宅，健身公园、学校等设施，确保居民搬迁工作的顺利进行。对噪声污染、水污染和废气排放等问题，企业应积极采取措施减少污染的程度，同时积极与当地居民沟通协调并达成一致。企业在自身发展的同时应积极帮助矿区居民，优先为当地居民提供就业岗位，增加居民收入，提高居民的生活质量。同时注重企业文化的建设，关爱员工，做到以人为本保障"安全生产"，建立健全职工培训体系，提升员工的职业技能，树立职工为社会谋福利的使命感和责任感。

第7章 四川省典型绿色矿山评价

7.1 四川省典型绿色矿山评价背景

四川省绿色矿业发展和制定的目标还有一定差距，必须加快绿色矿山建设步伐。在对政府相关部门的调研中了解到，四川省绿色矿山建设推进效率低的原因之一是监管部门难以全面、客观地认识四川矿山企业绿色矿山建设的开展情况，缺乏较为科学的依据开展工作。对政府监管部门而言，首先要明确矿山企业存在的问题，根据问题类型、数量、严重程度对矿山企业进行分类管理监督，并实施奖惩和制定政策。

矿山企业对绿色矿山建设推进不足的原因，除了部分企业生态文明意识淡薄，依然将经济效益放于首位这一点外，还有个极为重要的原因，那就是企业缺乏专业的绿色矿山建设评估人员，不能开展针对性的绿色矿山建设。企业绿色矿山建设是一个范围宽、内涵深的工作，涵盖环境保护、数字信息化建设、资源综合利用等多个方面。对企业而言，绿色矿山工作的开展需要有逻辑、有针对性，需要明确企业绿色矿山建设的薄弱面、突击点，抓住关键点是提高建设效率的重要前提。所以企业同样需要第三方组织对绿色矿山建设进行评估，发现问题并最终指导建设。

本书的解决思路是构建一套简明、易操作、完整的绿色矿山建设评价体系。通过科学合理的评价来反映矿山绿色建设现状、问题，并以此促进企业绿色矿山建设，为政府部门决策提供依据，做到以评促建、以评促管，大大提高政府管理绿色矿山建设和企业建设绿色矿山的效率。

7.1.1 政策背景

矿业在我国国民经济社会中有着重要的基础性地位，矿业为我国社会发展提供了重要资源，也为我国国民经济发展提供了大量资金，促进矿业发展对我国经济稳定发展有重要意义，但矿业发展的同时也带来了资源浪费、环境污染、矿地关系紧张等问题。20世纪 90 年代以后的环境革命、可持续性发展理念迅速引领了世界潮流，提高资源利用率、发展循环经济的思想深刻影响着世界矿业的发展。转变发展观念，走可持续发展道路已成为我国矿业发展的迫切需要。2008 年，"中国矿业循环经济论坛"上，中国矿业联合会同国内十一家矿山企业和行业协会共同发布了《绿色矿山公约》。2010 年 8 月，《国土资源部关于贯彻落实全国矿产资源规划发展绿色矿业建设绿色矿山工作的指导意见》发布，同时出台了国家级绿色矿山的基本条件，这是首次由国家对绿色矿山建设提出基本要求，也代表着我国绿色矿山建设进入新时期。2015 年，《关于加快推进生态文明建设的意见》正式将绿色矿山写入其中。2016 年 11 月，由国土资源部、国家发展和改革委员会等发布的《全国矿产资源规划(2016—2020 年)》指出，到 2020 年要基本建立安全、稳定、经济的资源保障体系，基本形成节约高效、环境友好、矿地和谐的绿色矿业发展模式。2017 年,国家六部门联合印发了《关于加快建设绿色矿山的实施意见》,从用地、用矿、财政、金融四个方面实实在在地激励了绿色矿山建设。我国对可持续发展、绿色经济的实践正不断加强。党的十九大报告中指出，在新时代中国特色社会主义生态文明建设任务中，要推进绿色发展、着力解决突出环境问题、加大生态系统保护力度、改革生态环境监管体制。

7.1.2　文献述评

绿色矿山评价领域的研究大致可分为两类，一是关于评价指标的研究；二是关于评价方法的研究。

在绿色矿山评价指标研究方面,不同学者基于不同理论方法,从多个视角展开了研究。黄敬军等(2009)针对指标构建的原则指出，应满足静态、动态指标互相补充，静态指标衡量现状，动态指标衡量发展趋势；过程指标与结果指标结合，避免仅抓住短期利益而损失长远利益。该研究以绿色矿山建设标准为基础，构建了绿色矿山建设考评框架，同时也强调，在对不同矿种的矿山进行评价时需要根据实际情况对指标进行细化。张德明等(2010)给出了绿色矿山评价指标的设置原则：科学性与客观性结合；指标能全面反映绿色矿山建设各方面；指标选择、权重确定应以公认科学理论为基础；可比性与可操作性结合，定性指标合理量化，定量指标数据易获得，并从经济发展、资源利用、科技投入、环境效益 4 个方面建立了评价指标。闫志刚等(2012)以生命周期评价理论为基础，通过辨识矿山生产污染源，构建了一套三级共 43 个指标的绿色矿山评价指标体系，该指标体系比较侧重矿山生态保护和环境影响。张文辉和申文金(2017)以绿色经济理论、循环经济理论和可持续发展理论为研究视角构建指标，并提出了绿色矿山建设评价指标的设计原则、指标量化方法与评价思路。宋海彬(2013)指出要考虑每个指标的覆盖面，指标过多会加大数据获取难度，同时数据的准确性也难以保证，最终从内部流程、竞争能力、财务和创新四个方面建立了煤炭企业可持续发展能力的评价指标。宋子岭等(2017)以绿色开采理念为指导，重点关注环境影响，从固体环境、水体环境、气体环境和生态环境四个方面建立了露天煤矿绿色开采评价指标体系。王喜莲和贾县民(2019)基于"驱动力-压力-状态-影响-响应"(drive-pressure-state-impact-response, DPSIR)模型，采用自上而下逐层分解的方法，构建了共 25 项指标的评价体系。Gorman 和 Dzombak(2018)从生产资料投入、土地扰动、生产废物排放、矿山闭坑四个方面考核采矿的可持续发展。Prakash 等(2020)通过分析总结印度露天煤矿在环境方面的表现，建议将生态、经济、社会作为评估矿山可持续发展的评价指标。也有不少学者基于 2010 年国土资源部制定发布的《国家级绿色矿山基本条件》建立了指标体系。

不同学者在指标设置上有不同的侧重点，对某些方面内容进行了细化以突出其特点，但指导绿色矿山建设更需要的是全面客观的评价指标体系，只有从全面的视角进行评价才可以反映存在的问题和短板，以便针对性改进。另外，大部分学者根据自身经验和主观标准选择指标,虽具有一定可行性与优势,但指标选择缺乏有力的科学依据,且所选取的指标存在两极化特点,即全为定性指标或全为定量指标,而绿色矿山内涵复杂,单一类型的指标难以对其准确描述。

绿色矿山评价的方法主要有数据包络分析(DEA)法、层次分析法(AHP)、专家打分法等。例如,汪文生和邹杰龙(2013)使用数据包络分析法从技术效率、纯技术效率和规模效率三个方面对八家煤炭企业的绿色矿山建设效率进行了评价,并根据评价结果提出了各矿山的改进意见。付强等(2017)也采用数据包络分析法进行评价,并指出了数据包络分析法运用于绿色矿山评价领域的优势与局限性。文莉军(2014)基于专家打分法和模糊层次分析法对海口磷矿绿色矿山建设水平进行评价,并分析了评价对象在绿色矿山建设中的优势与不足。Shang 等(2015)采用德尔菲法和层次分析法相结合的方法对湖北、云南等 15 家磷矿企业进行了评价并给出优劣排序,通过对评价结果的分析给出了提高绿色矿山建设水平的详细意见。许加强等(2016)采用的评价方法结合了专家打分法、熵权法和最小叉熵模型,并对华丰矿山进行评价,证明其已达到绿色矿山水平。靖培星等(2016)采用的灰色变权聚类模型结合了区间直觉模糊熵和变权理论,以获得更科学的权重,最后通过对河南某煤矿的评价证明了方法的有效性。周海林等(2017)通过熵权法-AHP 结合的组合法给指标赋权,使用 AHP-欧氏距离理论完善权重分配,并通过基于隶属度的模糊评价法对湖南某黄金矿山进行评价,证明了该方法的优势。王喜莲和贾县民(2019)采用熵权法计算指标权重,并通过逼近理想解排序法对陕西某煤矿 2009~2017 年的绿色转型水平进行了评价,根据评价结果对该矿山提出绿色矿山建设的改进意见。

绿色矿山评价方法越来越多样,虽然不少学者已经对部分方法进行了优化,以提高评价客观性,但优化方式主要还是在指标赋权方面,对方法的优化还有较大提升空间,且运用于绿色矿山评价方法的数量还比较有限,也有较大探索空间。从整体发展来看,绿色矿山评价的研究滞后于绿色矿山内涵的发展,导致了绿色矿山评价难以跟上要求。

本书采用过程分析法(process analysis method,PAM)系统性地进行指标生成分析,并运用后悔理论改进的 ELECTRE III方法进行绿色矿山的评价,以提高评价的客观性。

7.2 四川省绿色矿山评价指标构建

评价指标是开展评价的基础,本节将利用过程分析法系统性地进行指标生成分析,从而提高指标生成的科学性,最后对指标及标准进行详细阐述。

7.2.1 指标构建原则

绿色矿山内涵丰富,对其评价是一个典型的多属性决策问题。科学的指标体系能够全面且客观地展现绿色矿山建设情况,指标体系应该满足以下原则。

(1)科学性与客观性原则。指标的选择应该建立在准确分析绿色矿山内涵特点的基础上,以科学理论为依据,以此保证指标体系的科学性。同时,指标数量应合理,指标过少不能全面反映绿色矿山建设情况,导致结果缺乏真实性;指标过多会导致评价结构复杂,产生冗余信息。

（2）独立性与系统性原则。指标间应该相互独立，不应有较强关联性，每一项指标都能准确有效地反映绿色矿山某一方面的特点，而又不存在交叉或重合。整个指标体系能有机融合成一个完整的系统，和评价目标构成一个层次分明的整体。

（3）可比性与可操作原则。指标不仅要反映实际情况，还要满足可比性，不同对象同一指标的横向比较必须有实际意义，而非只是生硬地比较数字；可操作性指的是定性指标易量化，定量指标数据易获得和处理。

7.2.2　指标构建方法

过程分析法最先由 Tahir 和 Darton（2010）提出并用于企业可持续经营程度评估的指标体系建立中。该方法是一种简单、透明、易操作的指标生成方法，能够根据目标系统的内涵生成一套指标，目前已在评价复杂系统的可持续性等相关领域得到应用。

将同样是指标生成方法的 DPSIR 模型和系统动力模型（system dynamics modelling，SDM）与过程分析法进行比较，比较结果如表 7-1 所示。过程分析法基于因果分析，只选择了描述影响的指标，相较于 DPSIR 模型将驱动力、压力、状态、影响和响应全部用指标描述，过程分析法减少了重复计算风险，简化了指标集，它的优势就在于提供简明准确且有意义的结果，相比其他方法有更大的应用范围。

表 7-1　指标生成方法比较

比较项	DPSIR	SDM	PAM
关注点	原因、影响	原因、影响、相互关系	影响
参与性	高	中	高
灵活性	中	低	高
系统性	中	中	高
互动性	中	中	高
不确定性	中	高	中
敏感性	中	高	中
重复计算风险	高	中	低

过程分析法的指标生成步骤如下。

第一步，了解目标问题。围绕所要评价的目标收集资料，以便深入了解评价目标。本书建立绿色矿山评价指标体系，前文已对相关背景进行了阐述，同时笔者也前往四川省自然资源厅、四川省国土空间生态修复与地质灾害防治研究院、攀枝花钒钛产业协会、攀西地区钒钛磁铁矿山进行了实地调研并收集相关数据。

第二步，对目标下定义。对目标下定义就是从概念上明确评价该目标需要考虑的指标和基准。在本书中需要对所要评价的绿色矿山下定义，前文已给出了绿色矿山的定义：在矿产资源开发全过程（地质勘探、矿山设计、矿山开发、采选加工、闭坑恢复），科学合法进行生产，积极对生产工艺进行改进，将生产对自然环境影响降到可控范围内，并积极修复矿山生产导致的环境问题，同时树立良好的企业形象，与社区建立友好关系，实现资源开发、环境保护、矿业经济的协调健康发展。

第三步，设定系统边界。这里的边界包含空间和时间两个维度。空间维度指的是物理意义上的空间，本书指的就是这套指标评价系统所应用的地理区域，本书所限定的区域是攀西地区；时间维度是指标评价系统作为评价依据的信息来源的时间范围，考虑到信息的有效性、数据的可获得性，本章选择 2019 年的数据。

第四步，确定指标体系框架。首先确定影响发生原因。影响发生的原因(诱因)促使我们重视此类问题，需要对此进行评价。在矿产资源开发的初期，为满足日益增长的矿产品需求，人们主要通过增加开采量而非提高利用率来提高矿产品产量。随着科学技术的进步，矿产资源开发技术不断改进，矿产品利用率逐渐提高，以人为本的理念得到重视，人们对安全、生活环境与社会生产效率有了更高的要求，这也深刻影响着矿山的生产。

其次确定被影响系统与问题。对于某一影响(理念)，它影响整个指标生成系统的逻辑过程如图 7-1 所示。影响产生之后必然影响目标系统的某一维度，若该影响并未积极作用于目标系统，就会导致产生问题，从产生的问题即可生成指标和指标的衡量标准。

图 7-1　过程分析法的指标生成逻辑

最后确定指标和衡量标准。指标的生成采用了最直接的方法，即根据存在的问题生成指标和衡量标准，这也符合指标就是用于描述、量化问题的本质。

7.2.3　指标阐述

本节最终确定的评价指标体系如表 7-2 所示，其中基本要求为矿山参评需满足的先决条件，不纳入评价计算。

表 7-2　评价指标体系

序号	一级指标	二级指标
1		证照齐全(C_{11})
2	基本要求(B_1)	近三年未受行政处罚(C_{12})
3		通过各项审查(C_{13})
4		矿区布局规范(C_{21})
5	矿区环境(B_2)	物品运存规范(C_{22})
6		矿区绿化情况(C_{23})
7	资源利用方式(B_3)	开采回采率(C_{31})
8		选矿回收率(C_{32})

续表

序号	一级指标	二级指标
9		共生、伴生资源综合利用情况(C_{33})
10	资源利用方式(B_3)	选矿废水循环利用率(C_{34})
11		单位产量综合能耗(C_{35})
12		安全管理制度完善情况(C_{36})
13		土地复垦率(C_{41})
14	生态环境保护(B_4)	"三废"处理情况(C_{42})
15		环保方案执行情况(C_{43})
16		生产管理系统数字化程度(C_{51})
17	数字信息化建设(B_5)	技术改革投入(C_{52})
18		技术人才占比(C_{53})
19		社区居民占企业职工数比例(C_{61})
20	企业形象(B_6)	企业文化建设(C_{62})
21		诚信体系建设(C_{63})

1. 基本要求

(1)证照齐全。符合国家相关法律法规是所有企业从事生产活动的前提，矿山企业需具备齐全的生产手续、证件。

(2)近三年未受行政处罚。该指标考察矿山近三年生产规范性情况。

(3)通过各项审查。矿山企业需要通过年检等相关检查。

基本要求的各具体指标评价标准见表 7-3。

表 7-3　基本要求评价标准

指标	评价标准
证照齐全	矿山企业应取得《采矿许可证》《安全生产许可证》《矿长资格证》《营业执照》等合法生产必需的证照及其他手续，且证照、手续合法有效
近三年未受行政处罚	第三方评估者应向自然资源、生态环境、应急管理等部门查询该矿山近三年是否受到行政处罚
通过各项审查	矿山企业需出具年检以及当年内其他检查通过的证明

2. 矿区环境

(1)矿区布局规范。考察矿区主辅设施的布局合理性，是否存在明显安全隐患。

(2)物品运存规范。考察矿山开发过程中，产品、废石等运输、堆放、处理情况，是否有专门的堆放场所；保洁措施，防扬散、防渗漏及其他防止二次污染环境的措施是否明确，此项指标可以衡量生产对矿区环境的影响程度。

(3)矿区绿化情况。可以通过考察矿区绿化情况，衡量矿区环境优美程度。

矿区环境的具体评价标准见表 7-4。

表 7-4　矿区环境评价标准

指标	评价标准
矿区布局规范	矿区布局是否合理,风貌是否良好;排污口是否在生活饮用水源下游;有害、异味气体产生处是否建在主导方向下风侧且与生活区距离 500m 以上;管线布置是否科学美观;人流、物流路线设计是否合理;生活区、生产区配套设施是否完备,环境是否干净整洁
物品运存规范	主干道路是否硬化并养护良好;产品运输是否规范有序,是否有物品撒落情况;物品是否分类、有序存放,易燃易爆物品是否科学存放,并定期检查;是否有明显的道路指示牌;仓库建设是否规范,消防设施是否配套完整;防污染措施是否完备
矿区绿化情况	在生活区、工作区等区域是否合理设置了绿化区域,有无基本养护措施;是否做到应绿化区域全部绿化

3. 资源利用方式

(1)开采回采率。其是指在一定时期内整个矿山实际采出的工业矿石量与在该时期内消耗的可采工业储量的比例(对于固体非能源矿产),该项指标可以反映矿产资源利用水平。

(2)选矿回收率。其是指选矿产品中所含有用成分的质量占入选矿石中该有用成分质量的比例。该项指标可以反映矿产资源利用水平。

(3)共生、伴生资源综合利用情况。大多数矿种都包含了不同含量、不同类型的伴生资源,矿山企业应该对各伴生资源分级、充分利用,避免资源浪费。此指标可以衡量对资源的节约与综合利用程度。

(4)选矿废水循环利用率。选矿环节大量使用水资源,易造成水资源浪费,此指标可以衡量矿山生产对水资源的节约程度。

(5)单位产量综合能耗。即每生产 1 t 矿石所消耗能源(电、煤炭等能源)的能量,用于衡量矿山生产能源消耗的水平。由于矿山生产耗能主要分采矿和选矿两部分,因此将单位产量综合能耗计算规则定义为

$$单位产量综合能耗 = 采矿单位产量能耗 + 选矿单位产量能耗$$

(6)安全管理制度完善情况。其是指矿山为保障生产安全有序进行而采取的措施和危险紧急情况下应对措施的完善情况,以及对矿山安全生产的监督情况,可以衡量矿山保障安全生产和对生产事故的处理能力。

资源利用方式的具体评价标准见表 7-5。

表 7-5　资源利用方式评价标准

指标	评价标准
开采回采率	定量指标
选矿回收率	定量指标
共生、伴生资源综合利用情况	是否对矿产中伴生资源进行了充分的勘查和评价,并对组分、含量清楚了解;是否对主要伴生资源进行了科学的回收利用;对暂时无法利用的伴生矿产是否采取了适当的保护措施

续表

指标	评价标准
选矿废水资源循环利用率	定量指标
单位产量综合能耗	定量指标
安全管理制度完善情况	生产过程安全措施是否落实到位；是否执行了安全生产监督工作；应急措施是否完备

4. 生态环境保护

(1)土地复垦率。土地复垦率是已恢复的土地面积与被破坏土地的面积之比，土地复垦可以保护土壤、水资源，对生态环境保护有重要意义，是考核绿色矿山的重要指标之一。

(2)"三废"处理情况。其是指对矿山生产过程中产生的废气、废水、固体污染物及噪声的处理情况，"三废"规范处理可以明显降低矿山生产对环境的影响。

(3)环保方案执行情况。其是指矿山对环境保护、土地恢复等方案的落实情况，考察矿山对环保工作重视程度与落实程度。

生态环境保护的具体评价标准见表7-6。

表 7-6 生态环境保护评价标准

指标	评价标准
土地复垦率	定量指标
"三废"处理情况	采选、运输过程中是否采用喷雾、洒水、湿式凿岩、除尘装置、全封闭皮带运输等措施减少扬尘产生与扩散；凿岩、碎磨、空压等设备中是否采用消声、减振、隔振等降噪措施；对弃渣、尾矿等固体污染物是否妥善处置
环保方案执行情况	环保方案是否明确、可行；是否明确"边开采，边治理，边恢复"的原则；方案中涉及负责人的权、职、责是否明确；是否按照方案开展工作

5. 数字信息化建设

(1)生产管理系统数字化程度。企业在经营运行、生产管理和设备控制中应尽可能采用信息技术、网络技术、智能技术，所搜集的各环节信息、数据可以有效支持决策系统，从而提高管理效率，且利于降低安全风险、降低人工成本，保障矿山高效运营。

(2)技术改革投入。其是指矿山生产、管理技术改革上的投入占矿山年产值的比值，此项指标表明企业对科技改革创新的投入和重视程度。

(3)技术人才占比。此项指标可用于衡量企业技术创新、工艺改进、解决技术性问题的能力，也可以衡量企业在推进技术改革上的能力，是否注重人才队伍建设，人才是指矿山企业中专职的初、中、高职技工。

数字信息化建设的具体评价标准见表7-7。

表 7-7 数字信息化建设评价标准

指标	评价标准
生产管理系统数字化程度	是否有完备的自动化集中管理系统；是否完成管控系统间的联动；运行数据是否规范储存；是否有全覆盖的监控系统；主要生产设备是否为国内中上水平；自动化设备是否覆盖主要生产流程
技术改革投入	定量指标
技术人才占比	定量指标

6. 企业形象

（1）社区居民占企业职工数比例。其是指矿山企业中当地居民占企业总人数的比值，可以衡量矿山企业对社区就业的带动程度，是否在社区中树立良好形象。

（2）企业文化建设。企业文化是企业的灵魂，其核心是企业的精神和价值观，矿山企业应建设符合行业发展趋势和社会发展方向、积极向上的企业文化，并强化宣传引导，以增强员工使命感与凝聚力，精神上筑牢企业健康发展的方向。

（3）诚信体系建设。其是指企业生产活动中对诚信经营的坚守情况，企业应该积极履行承诺义务，按照规定完成任务，不能有造假、欺瞒行为。

企业形象的具体评价标准见表 7-8。

表 7-8　企业形象评价标准

指标	评价标准
社区居民占企业职工数比	定量指标
企业文化建设	是否有明确、积极向上的企业文化；是否对企业文化进行有效的宣传引导；员工是否认同企业文化
诚信体系建设	企业是否依法公开矿业权人开采基本信息；是否有数据造假、违法经营现象

7.3　评　价　案　例

7.3.1　ELECTRE Ⅲ多属性决策法

ELECTRE（ELimination Et Choix Traduisant la REalité）来自法语，译为消去与转换评价方法，是广泛应用的多属性决策法之一。该方法经过不断研究发展，已有了多种改进方法，包括 ELECTRE Ⅰ、Ⅱ、Ⅲ、Ⅳ、TRI、IS 等，ELECTRE Ⅲ方法是其中使用频率最高的方法，ELECTRE Ⅲ方法的决策过程如图 7-2 所示。

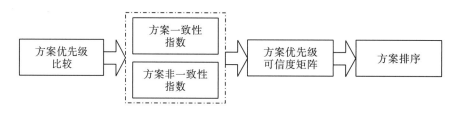

图 7-2　ELECTRE Ⅲ方法决策过程示意图

ELECTRE Ⅲ方法在得出可信度矩阵后采用蒸馏算法，通过重复比较得出最终排序结果。该方法计算过程烦琐，对此有学者提出了一种简化、可靠的排序方法——基于净可信度的排序方法，用该方法替换原有蒸馏算法的排序步骤，在保证可靠、科学的前提下提高方法使用的便捷性。

第一步：通过方案优先级比较得出一致性指数（concordance index，CI）和非一致性指数（discordance index，DI）。$\mathrm{CI}_j(A_1oA_2)$ 和 $\mathrm{DI}_j(A_1oA_2)$ 分别表示决策者认为在指标 C_j 方面，方案 A_1 优于或劣于方案 A_2 的程度，其计算公式如下：

$$\mathrm{CI}_j\left(A_1oA_2\right)=\begin{cases}1,\delta\left(h_s^{2j}\right)-\delta\left(h_s^{1j}\right)\leqslant\delta(q_j)\\[2mm]0,\;\delta\left(h_s^{2j}\right)-\delta\left(h_s^{1j}\right)\geqslant\delta(p_j)\\[2mm]\dfrac{\delta\left(p_j\right)-\left[\delta\left(h_s^{2j}\right)-\delta\left(h_s^{1j}\right)\right]}{\delta\left(p_j\right)-\delta\left(q_j\right)},\;其他\end{cases} \tag{7-1}$$

$$\mathrm{DI}_j\left(A_1oA_2\right)=\begin{cases}0,\;\delta\left(h_s^{2j}\right)-\delta\left(h_s^{1j}\right)\leqslant\delta(p_j)\\[2mm]1,\;\delta\left(h_s^{2j}\right)-\delta\left(h_s^{1j}\right)\geqslant\delta(v_j)\\[2mm]\dfrac{\delta\left(h_s^{2j}\right)-\delta\left(h_s^{1j}\right)-\delta\left(p_j\right)}{\delta\left(v_j\right)-\delta\left(p_j\right)},\;其他\end{cases} \tag{7-2}$$

式中，q_j、p_j、v_j 分别为无差异阈值、偏好阈值、否决阈值。

通过线性加权求和易得方案整体一致性指数：

$$\mathrm{CI}(A_1oA_2)=\sum_{j=1}^{n}w_j\mathrm{CI}_j(A_1oA_2) \tag{7-3}$$

式中，w_j 为指标 C_j 的权重，$\sum_{j=1}^{n}w_j=1$。

第二步：计算方案优先级可信度矩阵。通过综合比较 $\mathrm{CI}(A_1oA_2)$ 和 $\mathrm{DI}_j(A_1oA_2)$，可以得到方案 A_1 优于方案 A_2 的可信度：

$$\rho\left(A_1oA_2\right)=\begin{cases}\mathrm{CI}\left(A_1oA_2\right),\;\mathrm{DI}_j\left(A_1oA_2\right)\leqslant\mathrm{CI}\left(A_1oA_2\right)\\[2mm]\mathrm{CI}\left(A_1oA_2\right)\times\prod_{j\in\Omega}\dfrac{1-\mathrm{DI}_j\left(A_1oA_2\right)}{1-\mathrm{CI}\left(A_1oA_2\right)},\;\mathrm{DI}_j\left(A_1oA_2\right)>\mathrm{CI}\left(A_1oA_2\right)\end{cases} \tag{7-4}$$

式中，$\Omega=\left\{j|\mathrm{DI}_j\left(A_1oA_2\right)>\mathrm{CI}\left(A_1oA_2\right)\right\}$。

重复上述方法步骤得出任意两个指标比较的优先级可信度，可得方案整体优先级可信度矩阵：

$$\boldsymbol{S}=\begin{bmatrix}1 & \rho\left(A_1oA_2\right) & \cdots & \rho\left(A_1oA_i\right) & \cdots & \rho\left(A_1oA_m\right)\\ \rho\left(A_2oA_1\right) & 1 & \cdots & \vdots & \cdots & \vdots\\ \vdots & \vdots & 1 & \vdots & \cdots & \vdots\\ \rho\left(A_ioA_1\right) & \vdots & \cdots & 1 & \cdots & \vdots\\ \vdots & \vdots & \ddots & \vdots & 1 & \vdots\\ \rho\left(A_moA_1\right) & \rho\left(A_moA_2\right) & \cdots & \rho\left(A_moA_i\right) & \cdots & 1\end{bmatrix} \tag{7-5}$$

第三步：基于净可信度的方案排序。净可信度可以简单概括为，该方案优于其他所有方案的程度减去其他方案优于该方案的程度，显然净可信度越大表示该方案优先级越高，A_m方案的净可信度可表示为

$$\rho\left(A_m\right) = \sum_{i=1}^{n} \rho\left(A_m o A_i\right) - \sum_{i=1}^{n} \rho\left(A_i o A_m\right) \tag{7-6}$$

最后根据$\rho(A_m)$大小对方案$\{A_1, A_2, A_3, \cdots, A_n\}$进行排序。

ELECTRE Ⅲ方法已在多个领域的决策问题中得到应用：Liao等(2015)将ELECTRE Ⅲ方法与概率语言术语结合，对护士与患者的关系进行评价，并对若干护士的表现进行了优劣排序；石宝峰和王静(2018)将其运用于农户信用评分的排序，并在排序基础上划分了信用等级；杨雷和漆国怀(2016)将ELECTRE Ⅲ方法与区间直觉模糊数结合，对珠三角地区的3家制造企业的竞争力进行了排序比较；方燕(2015)将ELECTRE Ⅲ方法应用于某省各市区域工业经济实力的排序。

和其他评价方法相比，ELECTRE Ⅲ方法最大的特点就是引入了偏好阈值、无差异阈值和否决阈值来表示专家判断的内在不确定性，其优点是可以避免其他评价方法中加权求和模型带来的补偿影响(表7-9)，即某些指标较高的得分不能补偿其他指标较低的得分。例如，若备选项A在某一个指标的表现远优于备选项B，而备选项A在其他若干个指标方面略劣于备选项B，通过完全补偿性的方法处理时，备选项A劣于备选项B的不足很可能被备选项A优于备选项B的优势所补偿，导致二者优劣程度相当，而这种情况在采用ELECTRE Ⅲ方法时是不存在的。采用ELECTRE Ⅲ方法可以通过否定阈值避开这个问题，这也是该方法较其他评价方法的优势。完全补偿性弱化了各备选项在不同指标下的差异性，导致评价结果的准确性和科学性降低，同时，因为各备选项间的微小差距也可能是决策或数据本身的误差导致的，并非真实差异，所以完全补偿性模型有一定局限性。虽然ELECTRE Ⅲ方法有此明显优势，但目前并无将ELECTRE Ⅲ方法应用于绿色矿山评价的相关文献。

表7-9　常见评价方法比较

序号	方法	优点	缺点
1	逼近理想解排序法	对数据无要求，操作简便	具有明显的完全补偿性，灵敏度较低
2	折中排序法	对数据无要求，操作简便，妥协系数可以很好表示决策偏好	具有明显的完全补偿性，主要适用于指标存在冲突的决策问题
3	交互式多准则决策方法	考虑了决策者的风险规避心理	对权重的预先处理可能得到与实际不符的结果
4	模糊综合评价法	数学模型简单，易操作，将不确定信息转化为模糊概念，量化定性问题，提高评估准确性	评价结果易受决策专家的主观偏见和知识局限影响
5	灰色关联分析	简单，易操作，对样本的数量和类型没有过多要求	数据的无量纲化处理方式和分辨系数都会影响结果，鲁棒性低
6	神经网络法	具有大规模自组织、自适应和自学能力，高度鲁棒性，实现任何复杂非线性映射	学习速度慢，网络训练容易失败，计算结果精度低
7	层次分析法	操作简单，可靠性高，对数据要求不高	主观性较强，不适合指标较多的问题

绿色矿山评价就是要对矿区环境、资源利用等各指标进行考核，符合多属性决策法的特点，同时绿色矿山的标准就是各维度都达标，评价结果不能出现某个矿山在某一方面表现很好而弥补其他方面不达标的情况。所以，绿色矿山的评价采用非完全补偿性的方法更符合其建设要求。

7.3.2　犹豫模糊语言

在很多实际决策环境中，决策专家的决策依据并不是明确的数值，而是需要以自身在该行业中丰富的经验积累为基础，来对目标问题进行评价，此时专家的评价意见可能就是"该方案可行性好""该方案稳定性比较差""这个方案介于一般和好之间"等抽象的表述，虽然无法用精确数值表示，但是人们可以理解其表达的意思和程度。这类表示方法尽管也有效，但是将其量化或进行计算却比较复杂，直到模糊语言出现。

1975 年，扎德(Zadeh)提出了模糊语言法，率先用语言变量，即特定的一些词或者句子来表达定性的决策信息，此种表达方式更贴近人们的思考方式，大大增加了决策信息表述的可行性和灵活性，因此在很多决策领域得到了应用。但是，学者逐渐发现了该方法的不足，模糊语言法只能采用形式单一的术语来表达语言变量，在稍复杂的决策情境中不能够准确表达决策信息，如"该方案在较好和特别好之间"等描述，以往的模糊语言就难以表达这些综合性的语言表达式。为此，Rodriguez 等(2012)提出了犹豫模糊语言术语集的概念，并通过文本自由语法将决策者的评价语言转换为能够运算的犹豫模糊语言术语集，系统化和规范化了语言信息的提取，实现了把专家的语言表达式转换为可以运算的犹豫模糊语言术语集，大大拓宽了其应用范围，包括对新能源企业合作伙伴的选择、教学课程网络学习平台的评价、绿色供应商的选择、雾霾治理效果的评估等。

学者较广泛使用的犹豫模糊语言术语集为 $S=\{s_t|t=0,1,\cdots,2\tau\}$，之后 Xu(2005)基于不同度量单位提出了下标对称的加性语言术语集：$S=\{s_t|t=-\tau,\cdots,-1,0,1,\cdots,\tau\}$，其中 s_0 表示评价值无差别，其余共 2τ 个标度均匀分布其两侧，$s_{-\tau}$ 和 s_τ 分别为语言标度的最小值和最大值，τ 为正整数。Liao 等(2015)等在此基础上提出了犹豫模糊语言术语集的数学定义：

定义 1　令 $S=\{s_t|t=-\tau,\cdots,-1,0,1,\cdots,\tau\}$ 为加性语言术语集，$i\in X(i=1,2,\cdots,N)$，X 上的犹豫模糊语言术语集 H_s 可表示为

$$H_s=\left\{\left\langle i,\ h_s^i\right\rangle|i\in X\right\}\tag{7-7}$$

h_s^i 为加性语言术语集 S 中的一系列可能的取值，且可表示为 $h_s^i=\{s_{\varphi_l}^i|s_{\varphi_l}^i\in S,\ l=1,\cdots,L_i\}$，$\varphi_l\in\{-\tau,\cdots,-1,0,1,\cdots,\tau\}$ 是语言术语 $s_{\varphi_l}^i$ 的下标，L_i 是 h_s^i 中语言术语的个数。通常情况下，语言术语的中心点 s_0 表示的是一般、无差异的中性评价，其两端正是好或差的极端情况，因此语言术语个数一般为 $L_i=(2\tau+1)$ 个，同时 S 还满足如下法则：①若 $\alpha>\beta$，则 $s_\alpha>s_\beta$；②$s_\alpha\oplus s_\beta=s_{\beta+\alpha}$；③$s_\alpha\ominus s_\beta=s_{\beta-\alpha}$。

实际多属性决策问题中，往往需要同时比较不同方案，从而得出相对最优方案，在此本书采用基于犹豫模糊语言术语集定义的得分函数：

$$\delta(h_s) = \frac{1}{L} \sum_{l=1}^{L} \frac{\left|\varphi_l - (-\tau)\right|}{\left|\tau - \varphi_l\right| + \left|\varphi_l - (-\tau)\right|} = \frac{1}{L} \sum_{l=1}^{L} \frac{\varphi_l + \tau}{2\tau} \qquad (7\text{-}8)$$

为使计算方便，对式(7-8)做出调整，使其值域为[0，10]，调整后公式如下：

$$\delta'(h_s) = \frac{10}{L} \sum_{l=1}^{L} \frac{\left|\varphi_l - (-\tau)\right|}{\left|\tau - \varphi_l\right| + \left|\varphi_l - (-\tau)\right|} = \frac{10}{L} \sum_{l=1}^{L} \frac{\varphi_l + \tau}{2\tau} \qquad (7\text{-}9)$$

7.3.3　基于后悔理论改进的 ELECTRE Ⅲ方法

　　ELECTRE Ⅲ方法在被应用于多个领域的排序决策时，多位学者也根据研究需要对其进行了改进，大都采用与其他理论方法相结合的方式。例如，采用将前景理论、后悔理论等与 ELECTRE Ⅲ方法相结合的方式。在采用 ELECTRE Ⅲ方法进行方案优先级两两比较时，被决策比较的两个方案相对所有备选方案平均水平的优劣程度会影响决策结果，由于决策者心理是后悔规避的，因此决策者会倾向于选择更优方案，排斥较劣方案来避免后悔。两个方案之间的差异不仅包括本身属性值的差异，还包括决策者在选择两个方案时后悔规避心理表现的差异，采用后悔理论对 ELECTRE Ⅲ方法进行改进会更好地刻画决策者心理，更符合决策实际情况，可以提高决策的准确性和科学性。

　　采用后悔理论对 ELECTRE Ⅲ方法进行改进的方法是，在比较方案优先级前，基于各方案属性值选取一个平均水平点，即各属性值均值，以此为参照点计算各方案感知效用值，这种方法可以更直接地整体量化决策者对后悔的规避和对欣喜的倾向，同时并未大量增加计算的复杂性，具有简便、直接、有效的特点。由于本书的评价指标包含了定性和定量两部分，定性指标数据来自专家的决策意见，因此采用犹豫模糊语言术语集对专家决策意见进行处理，以提高准确性和客观性，定量指标数据则通过对实际生产数据进行无量纲化处理，那么基于后悔理论改进的 ELECTRE Ⅲ方法(简称 RT- ELECTRE Ⅲ)评价思路可以用图7-3 表示。

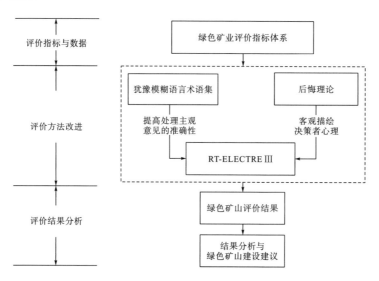

图 7-3　绿色矿山评价思路

其决策步骤如下所示。

第一步：获得决策矩阵。

令 $A_i(i=1, 2, \cdots, m)$ 是一系列待评方案，属性指标为 $C_j(i=1, 2, \cdots, n)$，指标权重为 $w_j(j=1, 2, \cdots, n)$，且 $\sum\limits_{j=1}^{n} w_j = 1$。

专家根据实际情况，对各方案定性指标进行评价，并将评价结果用七值语言术语集 $S=\{s_{-3}=$极其差，$s_{-2}=$很差，$s_{-1}=$差，$s_0=$一般，$s_1=$好，$s_2=$极好，$s_3=$完美$\}$ 表示。定量指标则直接填写其数值，最终可得决策矩阵：

$$\boldsymbol{H}_{(S)m\times n} = \begin{bmatrix} h_S^{11} & h_S^{12} & \cdots & h_S^{1j} & \cdots & h_S^{1n} \\ h_S^{21} & h_S^{22} & \cdots & h_S^{2j} & \cdots & h_S^{2n} \\ \vdots & \vdots & \ddots & \vdots & \ddots & \vdots \\ h_S^{i1} & h_S^{i2} & \cdots & h_S^{ij} & \cdots & h_S^{in} \\ \vdots & \vdots & \ddots & \vdots & \ddots & \vdots \\ h_S^{m1} & h_S^{m2} & \cdots & h_S^{mj} & \cdots & h_S^{mn} \end{bmatrix} \tag{7-10}$$

当指标为定性指标时，h_S^{ij} 表示各专家就指标 C_j 对方案 A_i 的评价意见；当指标为定量指标时，h_S^{ij} 就表示方案 A_i 中 C_j 指标的数值。

第二步：规范化决策矩阵。

对定量指标数据进行无量纲化处理，最终可得规范化决策矩阵：

$$\boldsymbol{\delta}(\boldsymbol{H}_S)_{m\times n} = \begin{bmatrix} \delta(h_S^{11}) & \delta(h_S^{12}) & \cdots & \delta(h_S^{1j}) & \cdots & \delta(h_S^{1n}) \\ \delta(h_S^{21}) & \delta(h_S^{22}) & \cdots & \delta(h_S^{2j}) & \cdots & \delta(h_S^{2n}) \\ \vdots & \vdots & \ddots & \vdots & \ddots & \vdots \\ \delta(h_S^{i1}) & \delta(h_S^{i2}) & \cdots & \delta(h_S^{ij}) & \cdots & \delta(h_S^{in}) \\ \vdots & \vdots & \ddots & \vdots & \ddots & \vdots \\ \delta(h_S^{m1}) & \delta(h_S^{m2}) & \cdots & \delta(h_S^{mj}) & \cdots & \delta(h_S^{mn}) \end{bmatrix} \tag{7-11}$$

第三步：计算感知效用矩阵。

计算每一指标下各方案属性值的均值，以此作为感知效用函数参照点，计算各指标数据感知效用值，整理可得感知效用矩阵 $\boldsymbol{u}(\boldsymbol{H}_S)_{m\times n}$。

第四步：在 $\boldsymbol{u}(\boldsymbol{H}_S)_{m\times n}$ 基础上计算方案优先级一致性指数（CI_j）、方案优先级非一致性指数（DI_j）和方案整体一致性指数（CI）。

第五步：推导计算方案优先级的可信度矩阵 $\boldsymbol{S}(u)_{m\times n}$。

第六步：计算净可信度 $\rho(A_m)$，并对方案进行整体排序。

第七步：计算各子系统基于净可信度 $\rho(A_m)$ 的方案排序。

7.3.4　数据处理与计算

本次评价的矿山企业均位于四川省攀西地区。专家组首先前往四川省自然资源厅，调研了攀西地区绿色矿山建设整体情况，并确定了六家钒钛磁铁矿山企业作为评价对象，之后前往攀西地区对此六家矿山企业进行实地调研，对相关指标进行评价与数据搜集。这六家矿山企业开采的基本信息和评价决策信息如表 7-10 和表 7-11 所示(这六家矿山企业分别用字母 P、Q、R、S、T、U 表示)。

表 7-10　矿山企业开采基本信息

信息	P	Q	R	S	T	U
所处矿区	白马矿区	红格矿区	白马矿区	白马矿区	红格矿区	太和矿区
开采规模/万 t	1500	230	870	100	260	80
开采方式	露天开采	露天开采	露天开采	露天开采	露天开采	露天开采

表 7-11　绿色矿山评价决策信息

序号	一级指标	二级指标	P	Q	R	S	T	U
1	基本要求	证照齐全	是	是	是	是	是	是
2		近三年未受相关行政处罚	是	是	是	是	是	是
3		通过各项审查	是	是	是	是	是	是
4	矿区环境	矿区布局规范	$\{s_2、s_3\}$	$\{s_3\}$	$\{s_1、s_2、s_3\}$	$\{s_2、s_3\}$	$\{s_1、s_2\}$	$\{s_1、s_2\}$
5		物品运存规范	$\{s_3\}$	$\{s_3\}$	$\{s_2、s_3\}$	$\{s_2、s_3\}$	$\{s_2\}$	$\{s_1、s_2\}$
6		矿区绿化情况	$\{s_1、s_2\}$	$\{s_2\}$	$\{s_1\}$	$\{s_{-2}、s_{-1}\}$	$\{s_0、s_1\}$	$\{s_0\}$
7	资源利用方式	开采回采率/%	96	95	94	95	90	91
8		选矿回收率/%	67	62	65	60	58	60
9		共生、伴生资源综合利用情况	$\{s_1、s_2\}$	$\{s_1、s_2\}$	$\{s_2、s_3\}$	$\{s_0、s_1\}$	$\{s_{-2}、s_{-1}\}$	$\{s_{-1}、s_0\}$
10		选矿废水循环利用率/%	93	86	88	90	89	90
11		单位产品综合能耗	4.8	5.5	5.5	6.2	7	5.8
12		安全管理制度完善	$\{s_2、s_3\}$	$\{s_3\}$	$\{s_1、s_2\}$	$\{s_1\}$	$\{s_2、s_3\}$	$\{s_2\}$
13	生态环境保护	土地复垦率/%	100	90	90	85	95	100
14		"三废"处理情况	$\{s_1、s_2\}$	$\{s_2、s_3\}$	$\{s_2\}$	$\{s_1、s_2\}$	$\{s_2\}$	$\{s_{-2}、s_{-1}\}$
15		环保方案执行情况	$\{s_2、s_3\}$	$\{s_0、s_1\}$	$\{s_0、s_1\}$	$\{s_1\}$	$\{s_2\}$	$\{s_0\}$
16	数字信息化建设	生产管理系统数字化程度	$\{s_2\}$	$\{s_1、s_2\}$	$\{s_1\}$	$\{s_0\}$	$\{s_{-1}、s_0\}$	$\{s_0\}$
17		技术改革投入/%	2.8	2.7	4	6.6	2.1	3
18		技术人才占比/%	11	12	8.2	6.7	5.4	6.3
19	企业形象	社区居民占企业职工数比例/%	36	42	20	34	48	28
20		企业文化建设	$\{s_0\}$	$\{s_1、s_2\}$	$\{s_0、s_1\}$	$\{s_2\}$	$\{s_{-1}、s_0\}$	$\{s_0、s_1\}$
21		诚信体系建设	$\{s_1、s_2\}$	$\{s_2、s_3\}$	$\{s_2、s_3\}$	$\{s_2\}$	$\{s_1、s_2\}$	$\{s_1\}$

为方便计算，对定量指标数据进行无量纲化处理，现被广泛使用的若干数据无量纲化处理方法主要有以下几种，其特点见表 7-12。

表 7-12　数据无量纲化处理方法比较

处理方法	所需数据	处理后值域	特点
标准化处理法	数据平均值、标准差	不确定	处理后正、负数据皆有
极值处理法	数据最大值、最小值	[0, 1]	对分布集中的数据易扩大差异性
线性比例法	参考点(自定)	不确定	取值灵活。较适宜分布集中的数据
归一化处理	各数据之和	(0, 1) (当指标均大于零时)	一种特殊的线性比例法, 处理后数据的和为1
功效系数法	数据最大值、最小值,"平移距离"和"缩放倍数"(自定)	自定	一种普遍意义下的极值处理法

根据表 7-11 可知,定量数据较为集中,归一化处理方法比较适用于本书的定量数据处理。同时,为使计算更简便,本书对归一化处理方法进行适当调整,最终采用的处理公式如下:

$$x_i = 10 \times \frac{x_i^+}{\sum_{i=1}^{n} x_i'} \tag{7-12}$$

式中, x_i^+ 为原始指标数据(正向); x_i 为处理后的数据。对于负向型指标数据 x_i^- (数值越大表示该指标表现越差),为方便计算,本书将其转化为正向型,公式如下:

$$x_i = 10 \times \left(1 - \frac{x_i^-}{\sum_{i=1}^{n} x_i'} \right) \tag{7-13}$$

结合式(7-12)、式(7-13)对表 7-11 中数据进行规范化处理,最终可得规范化决策信息表(表 7-13)。

表 7-13　绿色矿山评价规范化决策信息表

指标	P	Q	R	S	T	U	感知效用参考值
C_{21}	9.167	10.000	8.333	9.167	7.500	7.500	8.611
C_{22}	10.000	10.000	9.167	9.167	8.333	7.500	9.028
C_{23}	7.500	8.333	6.667	2.500	5.834	5.000	5.972
C_{31}	1.711	1.693	1.676	1.693	1.604	1.622	1.667
C_{32}	1.801	1.667	1.747	1.613	1.560	1.613	1.667
C_{33}	7.500	7.500	9.167	5.834	9.167	4.167	7.222
C_{34}	1.735	1.604	1.642	1.679	1.660	1.679	1.667
C_{35}	8.620	8.420	8.420	8.218	7.990	1.667	7.223
C_{36}	9.167	10.000	7.500	6.667	9.167	8.333	8.472
C_{41}	1.786	1.600	1.600	1.512	1.690	1.786	1.662
C_{42}	7.500	9.167	8.333	7.500	8.333	2.500	7.222
C_{43}	9.167	5.834	5.834	6.667	8.333	5.000	6.806

续表

指标	P	Q	R	S	T	U	感知效用参考值
C_{51}	8.333	7.500	6.667	5.000	4.167	5.000	6.111
C_{52}	1.321	1.274	1.887	3.113	0.991	1.415	1.667
C_{53}	2.218	2.420	1.653	1.350	1.089	1.270	1.667
C_{61}	1.731	2.020	0.961	1.635	2.308	1.346	1.667
C_{62}	5.000	7.500	5.834	8.333	4.167	5.834	6.111
C_{63}	7.500	9.167	9.167	8.333	7.500	6.667	8.056

7.3.5 基于博弈论的组合赋权法

博弈论是一个多人决策理论，博弈论中的每一个决策方案都可以认为是理性决策者为实现自身利益最大化或者自身损失最小化而进行的决策，这就使各决策者要协调各方利益并达成妥协，寻求共同利益最大化。本书基于博弈论思想寻求各指标权重，其步骤如下。

第一步：使用层次分析法计算主观权重。

以表 7-14 为指标层次结构模型（B_1 为先决条件，不纳入评价计算），建立判断矩阵。专家组采用如表 7-14 所示的五点标度法，给出重要性比较意见，分别建立各层判断矩阵，并计算权重，同时进行层次排序和一致性检验（表 7-15～表 7-20）（黄寰等，2015）。

表 7-14 各标度及含义

标度	含义
1（1/1）	两指标相比，具有同等重要程度
3（1/3）	两指标相比，前者比后者稍重要（不重要）
5（1/5）	两指标相比，前者比后者明显重要（不重要）
7（1/7）	两指标相比，前者比后者非常重要（不重要）
9（1/9）	两指标相比，前者比后者极其重要（不重要）
2（1/2），4（1/4），6（1/6），8（1/8）	取上述两相邻判断的中值

表 7-15 A—B 层重要性判断矩阵

	B_2	B_3	B_4	B_5	B_6	主观权重
B_2	1	1/3	1/2	1	2	0.1464
B_3	3	1	1	2	3	0.3236
B_4	2	1	1	2	2	0.2756
B_5	1	1/2	1/2	1	2	0.1570
B_6	1/2	1/3	1/2	1/2	1	0.0974

注：$\lambda_{max} = 5.0814$，CI $= 0.02035$，CR $= 0.0182 < 0.1$。λ_{max} 为判断矩阵最大特征值；CI 为一致性指数；CR 为一致性比例，下同。

表 7-16　B_2—C 层重要性判断矩阵

	C_{21}	C_{22}	C_{23}	主观权重
C_{21}	1	2	2	0.5
C_{22}	1/2	1	1	0.25
C_{23}	1/2	1	1	0.25

注：$\lambda_{\max} = 3$，CI $= 0$，CR$=0<0.1$。

表 7-17　B_3—C 层重要性判断矩阵

	C_{31}	C_{32}	C_{33}	C_{34}	C_{35}	C_{36}	主观权重
C_{31}	1	1	3	2	2	3	0.2739
C_{32}	1	1	3	2	2	3	0.2739
C_{33}	1/3	1/3	1	2	1	1	0.1214
C_{34}	1/2	1/2	1/2	1	1	1	0.1078
C_{35}	1/2	1/2	1	1	1	1	0.1186
C_{36}	1/3	1/3	1	1	1	1	0.1037

注：$\lambda_{\max} = 6.1245$，CI $= 0.0249$，CR$=0.02008<0.1$。

表 7-18　B_4—C 层重要性判断矩阵

	C_{41}	C_{42}	C_{43}	主观权重
C_{41}	1	1	2	0.4
C_{42}	1	1	2	0.4
C_{43}	1/2	1/2	1	0.2

注：$\lambda_{\max} = 3$，CI $= 0$，CR$=0<0.1$。

表 7-19　B_5—C 层重要性判断矩阵

	C_{51}	C_{52}	C_{53}	主观权重
C_{51}	1	1	1	0.333
C_{52}	1	1	1	0.333
C_{53}	1	1	1	0.333

注：$\lambda_{\max} = 3$，CI $= 0$，CR$=0<0.1$。

表 7-20　B_6—C 层重要性判断矩阵

	C_{61}	C_{62}	C_{63}	主观权重
C_{61}	1	1/2	1	0.25
C_{62}	2	1	2	0.50
C_{63}	1	1/2	1	0.25

注：$\lambda_{\max} = 3$，CI $= 0$，CR$=0<0.1$。

　　第二步：以表 7-13 为基础，用熵权法计算各指标客观权重。

　　在表 7-13 中，以行为单位，分别对数据进行归一化处理，并得到归一化矩阵 $\bar{X}$。

$$\overline{x_{ij}} = \frac{x_{ij} - \min(x_{mj})}{\max(x_{mj}) - \min(x_{mj})} \tag{7-14}$$

$$\overline{X} = \begin{bmatrix} \overline{x_{11}} & \overline{x_{12}} & \cdots & \overline{x_{1n}} \\ \overline{x_{21}} & \overline{x_{21}} & \cdots & \overline{x_{21}} \\ \vdots & \vdots & \ddots & \vdots \\ \overline{x_{m1}} & \overline{x_{m1}} & \cdots & \overline{x_{mn}} \end{bmatrix} \tag{7-15}$$

那么，第 j 项指标的信息熵 E_j 可表示为

$$E_j = -\ln(n)^{-1} \sum_{i=1}^{n} p_{ij} \ln p_{ij} \tag{7-16}$$

式中，$p_{ij} = \dfrac{Y_{ij}}{\sum\limits_{i=1}^{n} Y_{ij}}$，表示第 j 项指标下第 i 方案指标值的比重。E_j 越大表示该指标变异程度越小，所提供的信息量越小，该指标的权重也越小。

指标权重可表示为

$$w_j = \frac{1 - E_j}{n - \sum\limits_{j=1}^{n} E_j} \tag{7-17}$$

第三步：基于博弈论的组合赋权法。

令使用层次分析法、熵权法求得的权重组合分别为 w_1^{T}、w_2^{T}。那么最终的线性组合权重可表示为

$$w = \sum_{i=1}^{2} \alpha_i w_i^{\mathrm{T}}, \quad \alpha_i > 0 \tag{7-18}$$

根据博弈论，要计算组合系数 α_1、α_2，使组合权重与各权重间的偏差之和最小，此模型可表示为

$$\min \left\| \sum_{i=1}^{2} \alpha_i w_i^{\mathrm{T}} - w_j^{\mathrm{T}} \right\|_2, \quad j = 1,2 \tag{7-19}$$

根据矩阵的微分性质，可得式(7-19)的最优化一阶导数条件为

$$\sum_{i=1}^{2} \alpha_i w_j w_i^{\mathrm{T}} = w_j w_j^{\mathrm{T}} \tag{7-20}$$

其对应的线性方程组表示为

$$\begin{bmatrix} w_1 w_1^{\mathrm{T}} & w_1 w_2^{\mathrm{T}} \\ w_2 w_1^{\mathrm{T}} & w_2 w_2^{\mathrm{T}} \end{bmatrix} \begin{bmatrix} \alpha_1 \\ \alpha_2 \end{bmatrix} = \begin{bmatrix} w_1 w_1^{\mathrm{T}} \\ w_2 w_2^{\mathrm{T}} \end{bmatrix} \tag{7-21}$$

代入数据，求出上述方程的解 $\alpha_1 = 0.2617$，$\alpha_2 = 0.7835$，经归一化处理可得 $\alpha_1' = 0.2504$，$\alpha_2' = 0.7496$，代入式(7-21)即可求得组合权重。整理计算结果可得各指标最终权重，见表 7-21。

表 7-21　绿色矿山评价指标权重表

一级指标	二级指标	客观权重	主观权重	最终权重
矿区环境	矿区布局规范	0.0850	0.0732	0.0747
	物品运存规范	0.0443	0.0366	0.0378
	矿区绿化情况	0.0403	0.0366	0.0369
资源利用方式	开采回采率	0.0521	0.08863	0.0786
	选矿回收率	0.0638	0.08863	0.0813
	共生、伴生资源综合利用率	0.0443	0.03929	0.0398
	选矿废水循环利用率	0.0478	0.03488	0.0373
	单位产品综合能耗	0.0330	0.03838	0.0365
	安全管理制度完善	0.0482	0.03356	0.0355
生态环境保护	土地复垦率	0.0530	0.11024	0.0950
	"三废"处理情况	0.0340	0.11024	0.0906
	环保方案执行情况	0.0684	0.05512	0.0757
数字信息化建设	生产管理系统数字化程度	0.0648	0.05233	0.0543
	技术改革投入	0.0891	0.05233	0.0600
	技术人才占比	0.0748	0.05233	0.0567
企业形象	社区居民占企业职工数比例	0.0470	0.02435	0.0292
	企业文化建设	0.0581	0.04870	0.0500
	诚信体系建设	0.0518	0.02435	0.0303

7.3.6　基本结论

结合表 7-13 的规范化决策数据、表 7-21 的指标权重，以及 RT-ELECTRE Ⅲ方法步骤进行计算，最终可得到参评矿山企业整体排序结果(表 7-22)、各矿山企业不同维度下的净可信度及排序结果(表 7-23、图 7-4)。

表 7-22　各矿山企业净可信度及排序结果

	P	Q	R	S	T	U
净可信度	3.350	2.502	0.282	−1.575	−0.907	−3.652
排序	1	2	3	5	4	6

表 7-23　各矿山企业不同维度的净可信度及排序结果

二级指标	维度	P	Q	R	S	T	U
矿区环境	净可信度	0.437	0.540	0.160	−0.278	−0.343	−0.515
	位次	2	1	3	4	5	6
资源利用方式	净可信度	1.313	0.529	0.531	−0.350	−0.565	−1.458
	位次	1	3	2	4	5	6
生态环境保护	净可信度	0.946	−0.101	−0.101	−0.426	0.505	−0.822
	位次	1	3	3	5	2	6

续表

二级指标	维度	P	Q	R	S	T	U
数字信息化建设	净可信度	0.314	0.341	0.137	0.325	-0.671	-0.445
	位次	3	1	4	2	6	5
企业形象	净可信度	-0.137	0.404	-0.095	0.283	-0.143	-0.313
	位次	4	1	3	2	5	6

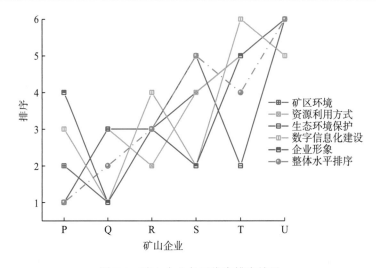

图 7-4　矿山企业各子维度排序结果

矿山企业 P 整体水平排序第 1，其生产规模较大，经济实力雄厚，其采矿权有效期较长，使企业更自觉地着眼于矿山发展的长远利益，所以在绿色矿山建设各方面都比较积极。

矿山企业 Q 表现同样良好，整体水平排序第 2，各维度排序均在前 3，绿色矿山建设工作开展较为全面。

矿山企业 R 整体水平排序第 3，综合表现较好。矿山企业 R 一方面得益于规模优势，有足够资金支撑各项改进工作，一方面由于地质条件优势，更容易对矿产资源进行高效利用，且耗能较少。但由于开采相对容易，其技术相关投入较少，因此在数字信息化建设维度仅排第 4，落后于整体水平。

矿山企业 S 在此次参评矿山中整体水平排序第 5，但是其在数字信息化建设和企业形象维度排序上还是处于靠前位次，特别是企业文化建设和技术改革投入两个指标都是参评矿山企业中的最优项。矿山企业 S 在 4 个维度上表现均优于矿山企业 T(排名第 4)，但整体净可信度却略小于矿山企业 T，其中一个原因是，矿山企业 S 在生态环境保护维度上表现远不如矿山企业 T，另一个原因就是矿山企业 S 在土地复垦率、矿区绿化情况、安全管理制度完善 3 个指标上表现为参评矿山企业中最差。ELECTRE Ⅲ方法的非完全补偿性使这部分差距难以被弥补，最终导致其整体水平较差，且低于矿山企业 T。

矿山企业 T 除在生态环境保护维度表现较好以外，其他维度表现均不佳。经调研了解，一方面是因为矿山企业 T 经济实力不强，另一方面是因为其对绿色矿山理念接受程度不高，所以对技术改革、环保等工作重视不够。

矿山企业 U 在各维度表现均处于参评矿山企业较差水平。由于生产规模较小，资金不够充足，因此其采取的措施有限。要想在环境治理和资源利用方面改进成效明显，往往需要较多的投入，所以矿山企业 U 在此方面表现相对较差。

根据以上分析可以得出，大型矿山规模优势明显，能有效带动各方面建设。导致矿山企业 T 和 R 表现较差的原因，表面上看是投入不够，更深层次原因还是对绿色矿山认识不够，开展绿色矿山建设的积极性不够。

7.4　结论与启示

7.4.1　结论

在绿色矿山建设评价的指标设置方面，本书遵循指标构建原则，采用一套系统、科学的指标生成方法，力求对目标进行形象、全面的评价，结合实际情况生成了评价指标体系。这套指标体系做到了将定性与定量指标结合，既考虑了专家打分能充分运用所积累的经验对各项指标做出评判，又考虑到专家打分存在一定的主观性，在尽量保留矿山企业数据真实性的基础上，将定量指标数据纳入计算，能够较客观地反映绿色矿山的建设水平。本书的评价方法不仅科学合理，在指标设置和权重方面均有一定创新性，也具有普适性，同样适用于对其他矿山的评价。从矿山总分及排序可知，矿山企业 R 在绿色矿山建设水平上要优于其他矿山，其余矿山综合得分相差均在 0.03 以内，这是因为本书所选评价对象均来自已通过审核的《四川省 2019 年度绿色矿山遴选名单》中的矿山，其绿色矿山建设均属于行业领先水平，总体较为优秀，个体差异较小。

在进行绿色矿山建设评价时笔者遇到了数据难以收集问题，究其原因主要是矿山企业对数据保存不够重视。当下是大数据时代，数据隐藏着无穷的信息，具有较高的分析价值，具体到矿山企业亦是如此。矿山企业和政府部门应该加强对数据的重视，做好重要数据的搜集与存档，为今后决策提供数据支撑。

7.4.2　启示

绿色矿山评价的意义在于通过科学的评价，反映绿色矿山建设或示范区建设的优势和不足之处，并针对性地采取措施，做到有的放矢。同时政府部门也可将其作为奖惩依据和决策支撑，对推进绿色矿山建设、示范区建设有积极作用。

今后对于绿色矿山评价的研究可以更注重数据的合理使用。不同矿山由于地理位置不同，其矿产资源分布、品位、储量存在一定差异，如果用同一标准进行衡量比较，会有失真实性和公平性，难以客观准确地描述矿山的真实水平。因此我们应该区别对待，对不同矿山可以根据其真实情况制定相应数据标准，做出准确的评价，更好地指导企业开展绿色矿山建设工作。

第8章 四川省绿色矿业发展存在的问题与对策

8.1 四川省绿色矿业发展存在的问题

8.1.1 宏观调控体系尚不健全

1. 政府激励政策不足

绿色矿业发展是一项正外部性与负外部性并存的经济活动,因此绿色矿业的推进必须有强有力的政策作为约束和激励。总体来看,四川省绿色矿业发展缺乏相关政策战略部署。例如,针对矿业用地支持、资源税费与矿产资源配置优化等配套激励政策还不完善;企业绿色矿业的土地手续办理、矿业权获取及相关财政措施并没有实质性优惠政策,相关部门也未出台明确和专门的激励政策,一定程度上对企业建设绿色矿业的积极性产生影响(龚灏等,2015)。从指标数据来看,部分矿山从勘探、采矿到矿产资源节约与综合利用水平均与绿色矿业发展要求有一定的差距,这也从宏观层面反映了现有政策体系存在短板。

2. 政府规制政策有待完善

近年来,四川省的绿色矿业发展工作取得了一定的成效,但从现有实际情况来看,四川省绿色矿业发展落后于全国部分地区,原因之一是缺乏宏观约束政策。绿色矿业发展要求企业遵循资源节约与综合利用原则,需要政策进行宏观约束和监管。然而,目前四川省绿色矿业发展的相关政策仍然较少,鲜有的政策也存在操作性不强与落地难的问题。鉴于当前四川省矿产资源节约与综合利用存在企业积极性不高,社会监督参与程度较低的问题,亟须政策出台约束政策以推动绿色矿业发展。

3. 绿色矿业发展标准与规划不完善

2018 年国土资源部为了推进全国的绿色矿山建设,发布了非金属矿山、化工矿山等行业绿色矿山建设规范,使全国范围内绿色矿山建设有了规范性的文件。四川省作为矿业大省,缺乏符合四川省矿业发展实际的地方标准,影响全省绿色矿山建设工作的进一步推进。2019 年四川省仅有 2 个绿色矿业发展示范区进行申报,申报率不足 15%。从四川省绿色矿业发展示范区申报、建设情况来看,存在着组织领导不统一、缺乏可行的规划与安排、缺乏统一的标准和经验等问题。例如,攀枝花市的绿色矿业发展示范区已被四川省列入第三轮省级矿产资源总体规划,但这项工作启动遇到诸多问题,地方政府对绿色矿业示范区的建设内涵不了解,难以制定推进工作的计划和实施方案,导致推进的难度加大,且在土地方面仍面临建设用地指标不足的问题。

4. 绿色矿业评价机制缺失

通过对相关部门的调研发现，四川省绿色矿业建设推进效率低的原因之一是难以全面、客观地认识企业的绿色矿业建设工作开展情况，缺乏完善的绿色矿业评价机制和较为科学的依据。从现实来看，四川省关于绿色矿业发展的评价没有统一的标准，少有的聚焦于四川省绿色矿业发展的评价方法亦只是在现有研究基础上进行的改进。这些评价方法存在评价指标体系涵盖面不够全面，指标不够细化等问题。多数评价方法主观性较强，定性指标量化程度较低，定量指标数据获得难度较大。

5. 职能部门协同机制欠缺

自然资源部门负责区域绿色矿业发展的指导工作，企业是发展绿色矿业的主体，但是在建设过程中还涉及其他职能部门，具体包括自然资源、生态环境、科技、安全监察等职能部门和其他利益相关者。目前缺少绿色矿业发展协调机制，对四川省绿色矿业发展产生了一定影响。

8.1.2　微观支撑体系尚未完善

1. 企业内生动力不足

企业是推动矿业绿色发展的主体与实践者，综合实力较强的大型企业在矿产资源节约与综合利用水平方面具有一定优势，但总体来看，由于矿产资源供需矛盾、装备、人才等多重因素的制约，四川省一些矿业企业仍存在技术水平落后、生产方式传统等问题。

2. 企业绿色发展意识薄弱

推进绿色矿业发展，首先需要解决意识层面的问题。然而，通过实地调研与资料分析发现，四川省绿色矿业建设主体普遍存在意识薄弱的问题。例如，部分企业环保意识淡薄，尤其是中小型矿山"重经济效益，轻环境保护"，导致矿山开发区域环境破坏严重；相关矿山地质环境保护的政策法规宣传力度不大，部分矿区开采企业出现了开采无度、无序的状态，从而导致大面积的水土流失，严重影响了当地村民的正常生活。此外，由于缺乏绿色发展意识，部分企业在资源开发利用过程中环境保护准入原则不完善，缺乏对生态环境保护的监督管理，矿山恢复治理责任不明确等现象时有发生。

3. 企业环境会计尚未普及

企业环境会计管理是企业发展规范的重要组成部分。然而，专业人才的匮乏及企业发展中内外部矛盾的交替，导致四川省部分矿业企业没有建立完善的环境会计管理体系和规范准则。具体表现在企业环境信息披露少且不规范，环境报告缺乏可靠性、可比性和透明度，环境信息、资源利用效率等状况难以为公众所知等方面，从而阻碍了四川省绿色矿业的发展。

8.1.3 技术支撑体系尚有欠缺

1. 绿色开采技术支持不足

矿业是劳动密集型和技术密集型产业，缺乏先进的绿色开采技术和方法，就难以提高资源综合利用的水平及减轻对环境的破坏。四川省部分企业缺乏先进的绿色开采技术，仍采用传统的方式进行矿产开发，甚至采富弃贫，造成大量资源被浪费。此外，四川省矿产资源的开发利用任务重，且总体上工艺技术相对比较落后，尤其缺乏与四川省资源特点、绿色高效及经济发展相适应的开采技术。

2. 绿色选冶技术支持缺失

选冶是推进绿色矿业发展的重要环节。四川省矿业企业缺乏绿色选冶技术的支持，导致选冶回收率不高，矿品质量、矿区生态环境等与绿色矿业发展的宗旨相背离，迫切需要新的选冶技术改善状况。

3. 绿色复垦技术支持薄弱

矿业废弃地复垦是改善环境、维持生态平衡的重要组成部分。然而，通过调研和资料分析发现，四川省部分矿业企业生态环境意识薄弱，并没有将土地复垦放在突出的战略位置。这些企业的复垦方式相对单一，复垦技术也仅限于传统途径，尚未综合考虑矿山特殊情况，从而导致矿山环境改善不明显，综合发展效益低下。

4. 矿山环境监测信息化技术支持不足

受限于技术的滞后与信息化手段的缺失，四川省矿山环境监测手段较为单一且传统，导致矿山环境监测效率不高，矿山环境问题并没有得到针对性的改善甚至日益严重，从而制约了绿色矿业发展。

8.2 四川省绿色矿业发展对策

8.2.1 加快绿色矿业发展顶层设计

1. 制定并实施绿色矿业发展激励与约束政策

加快绿色矿业发展宏观政策整体规划，构建激励与约束并重的绿色矿业政策体系。针对四川省绿色矿业相关政策不足，操作性不强且难以落地的问题，开展以下工作：一是自然资源管理部门要深入各市州，加强对地方绿色矿业发展存在问题的调研，深入了解企业发展具备的条件，以及矿山在企业用地、矿山环境恢复治理等方面存在的困难；二是在实地调研的基础上，由自然资源管理部门牵头，联合税务等部门，研究制定、完善配套的绿色矿业发展激励与约束政策，包括资源综合利用、矿山环境保护、企业融资、矿产资源配置等相关优惠政策，加大各级财政资金对绿色矿山建设的支持力度。此外，构建完善的监管体系,落实企业发展约束规范与政策,逐步形成有利于四川省绿色矿业发展的政策体系。

2. 建立符合四川省特色的绿色矿山标准体系与评价机制

国家对矿山行业提出细化的建设标准,有利于规范非金属矿山、化工矿山、黄金矿山、煤炭矿山等行业绿色发展。全国绿色矿山建设标准是对全国矿业发展的一个具体要求,各地方可根据本地实际情况制定地方标准。四川省作为矿业大省,矿业对地方经济的发展具有举足轻重的作用。同时,四川省矿业又具有矿山企业多、小型矿山占比高等特征。四川省绿色矿山建设的首要任务是结合四川省矿产资源特征、区域生态环境、地方社会经济等具体情况,组织政府相关部门、研究机构等研究提出四川省绿色矿山建设标准。通过建立四川省绿色矿山建设标准,提升四川省绿色矿山建设的质量与速度,完成四川省的矿产资源规划目标。在四川省绿色矿山建设过程中,要及时总结经验,将绿色矿山建设过程中出现的问题及时反馈自然资源管理部门,对绿色矿山建设标准进行修改和完善,以满足四川省矿业绿色、高质量发展要求(秦思露和黄寰,2020)。

绿色矿山企业和非绿色矿山企业可能面临不同的政策待遇,评估绿色矿山采取的最主要的手段是评价指标体系,绿色矿山评估结果是政府行政和执法的重要依据,因此评估绿色矿山应该属于政府职能的一部分,也是一项重要的权力。在目前的政策体系下,政府依赖独立的第三方机构来完成这一工作,第三方机构实际承担了政府职能,在整个环节中起到核心的作用。在对第三方机构尚无约束、没有明确职责的情况下,如何确保第三方机构给出客观公正的评估结果,是一个值得深入研究的问题。此外,如何确保社会监督有效实现也需要引起重视。目前的社会监督机制主要依赖信息公开,但是社会主体缺少信息获取的平台和路径,无法获得全面、有效、及时的信息,同时也缺乏信息真实性保障机制,致使社会监督功能难以有效实现。

3. 提升绿色矿业发展职能部门协同水平

强化矿业发展部门的协同水平,夯实绿色矿业发展职能体系。绿色矿业发展是一个“牵一发而动全身”的系统性工程,需要自然资源、金融、财政、税务、生态环境、科技等相关部门联动协同。因此,需要加快建立绿色矿业发展职能部门的沟通交流机制,定期开展绿色矿业发展部署会,加强各部门的联系,从而提升绿色矿业发展职能部门的协同水平。

8.2.2　激发绿色矿业微观主体的发展动能

1. 构建企业绿色矿业发展新模式

优化绿色矿业发展格局,构建具有四川省特色的矿业发展新模式。一方面,四川省矿产资源丰富,在全省大多数区县均有矿业活动;另一方面,四川省地域辽阔,地形地貌呈现多样化,生态脆弱区所占面积较大。在绿色矿业发展中,各自然资源管理部门、各研究机构和大专院校应加强联合研究,深入分析各地区的矿产资源禀赋特征、生态环境特征、矿业开发利用强度,探索适合该地区的绿色矿业与企业发展新模式,实现资源—环境—经济社会的协调发展。

2. 提升企业的绿色发展意识

树立绿色发展观念，提升企业的绿色发展意识。通过建立绿色发展理念与生态文明建设培训机制，塑造企业的价值观与使命感，推动建立以绿色发展为精髓与核心的企业文化体系；强化企业社会责任担当，加快推动企业员工的素质教育培育，敦促企业在矿产资源开发、利用等过程中既注重技术设备的提升，也重视企业文化、员工价值等隐性的规范体系的构建。

3. 实施绿色矿山企业环境会计管理

完善企业环境会计管理体系，推动绿色矿山企业环境会计规范管理。针对四川省矿山企业忽视环境会计管理的现状，需要加快落实制定四川省矿山企业环境会计管理评价标准。同时，针对各地区不同矿种、不同规模的矿山企业可以结合区域及企业实际情况，在四川省统一规范标准的框架下，适时拟定并出台具有区域特色、行业特色、企业特色的环境会计管理标准，从而形成多层次、多主体参与、具有鲜明特色的环境会计体系。

8.2.3 增强绿色技术创新能力

1. 创新绿色矿业开采技术

加快推动企业绿色开采技术的研发与创新，提升企业开采效率与综合效益。绿色开采技术包括绿色爆破、绿色采矿、绿色开拓、煤与瓦斯及其伴生资源共采等核心技术，推动绿色开采不仅有利于提高矿产资源开发利用效率，而且有助于提升生态环境的保护力度与资源开发的安全性能，促进绿色矿业发展。因此，需要加快绿色开采技术的研发，加快推动产学研协同发展；加大技术人才的引进与支持力度，营造良好的技术开发与创新环境，促进现有开采技术大幅度改善，形成具有四川省特色的技术优势。

2. 提升绿色矿业选冶与复垦技术

强化绿色选冶、绿色复垦技术创新，推动构建绿色矿业技术支持体系。绿色选冶、绿色复垦对矿业发展的布局、矿区结构的优化与矿区环境的改善至关重要。针对四川省选冶技术传统单一、复垦技术薄弱等问题，需要结合四川省矿业发展的整体布局与区域矿山发展的特点对选冶、复垦技术进行针对性的创新，加大绿色选冶、复垦技术的研发力度和经费支持，建立"低碳、高效、环保、安全"的绿色矿业发展技术支持体系。强化企业、高等院校、科研机构的技术研发与创新合作，建立多角度、多方位、多融合的科技投入与创新交流平台，促进研发资源的流动与科技资源的高效配置，实现四川省绿色矿业的高质量发展。

3. 推进矿业发展数字化与信息化建设

加快绿色矿业发展信息化建设，推动构建绿色矿业发展信息化与数字化管理体系。针对四川省矿山环境监测现状，优化矿山环境监测技术与手段，建立以大数据、云计算、信息化、可视化等工具和技术为核心的矿山环境监测体系，充分考虑矿种与矿山实际情况，利用无人机、卫星遥感、智能化设备等对矿山情况进行实时监测。同时，加快推动数字可视化平台与终端的建立，通过人工智能、数据协同、可视化建模等方式为矿山管理决策提供支持。

参 考 文 献

白中科，杨侨，白甲林，2018. 论绿色矿山建设的源头管控与过程监管[J]. 中国矿业，27(8)：75-79.

曹献珍，2011. 国外绿色矿业建设对我国的借鉴意义[J]. 矿产保护与利用(5-6)：19-23.

陈爱东，陈春霞，2011. 西藏绿色矿业发展路径探讨[J]. 中国市场(32)：130-131，135.

陈戈，2018. 绿色地质勘查综合技术应用分析[J]. 世界有色金属(2)：31-32.

方燕，2015. 面向区域经济实力评估的 ELECTRE-III方法[J]. 统计与决策(11)：87-90.

冯启明，周开灿，高德政，等，2000. 矿产资源综合利用与可持续发展问题研究[J]. 矿产综合利用(1)：33-37.

付强，韩冰，侯韩芳，等，2017. 基于 DEA 方法的绿色矿山标准效果评估[J]. 标准科学(8)：43-46.

付允，马永欢，刘怡君，等，2008. 低碳经济的发展模式研究[J]. 中国人口•资源与环境，18(3)：14-19.

龚斌，师懿，陈姚朵，等，2017. 生态文明建设背景下绿色矿山内涵扩展研究[J]. 中国矿业，26(8)：81-85.

龚灏，刘丹丹，黄寰，等，2015. 矿产品开发过程中生态环境负外部性评价方法[J]. 国土资源科技管理，32(2)：56-63.

郭琳琳，张兴，2018. 对新形势下我国矿产资源勘查开发监管的思考[J]. 中国国土资源经济，31(10)：70-73.

郭敏，赵恒勤，赵军伟，2020. 赣州市生态文明试验区绿色矿山建设成效及建议[J]. 中国矿业，29(6)：64-68，75.

贺哲钢，2017. 节能环保先引打造绿色矿山[J]. 资源节约与环保(2)：6-7.

贺振伟，尹建平，2013. 平朔绿色矿山建设与资源综合利用实践[J]. 煤炭经济研究(6)：5-8，54.

侯华丽，吴尚昆，蒋芳，等，2019. 新时代我国绿色矿山建设规划的思考[J]. 中国矿业，28(7)：81-85，93.

侯华丽，2019. 谋求矿业可持续发展[N]. 中国自然资源报，[2019-06-14(006)].

胡建军，刘恩伟，2012. 建设绿色矿山　促进采矿业可持续发展[J]. 中国矿业，21(增刊)：60-61，87.

花明，朱青，罗志红，2007. 加快江西矿产资源产业循环经济发展的对策与建议[J]. 中国矿业，16(9)：24-26.

黄寰，尹斯斯，雷佑新，2015. 我国矿产资源可持续发展水平分析与预测——基于层次分析法的探索[J]. 西南民族大学学报(人
　　文社会科学版)，36(7)：146-150.

黄寰，刘登娟，罗子欣，2019. 西藏自治区绿色发展水平测度与对策思考[J]. 西南民族大学学报(人文社会科学版)，40(3)：
　　126-129.

黄敬军，倪嘉曾，宋云飞，等，2009. 绿色矿山建设考评指标体系的探讨[J]. 金属矿山(11)：147-150.

吉广林，2019. 矿业绿色发展的内涵、主体与对策研究[J]. 铜业工程(1)：74-79.

江涛，王佟，宋梅，2018. 煤炭行业绿色矿山建设标准及其评价指标初步探讨[J]. 煤田地质与勘探，46(1)：1-7.

靖培星，卢明银，巩维才，等，2016. 基于区间直觉模糊熵和变权理论的井工煤矿绿色矿山评价[J]. 中国矿业，25(12)：59-63.

康志刚，2002. 鞍山市矿产资源开发利用现状主要问题及对策建议[J]. 中国地质矿产经济(12)：9-10，19.

李国政，2018. 绿色矿业：内涵界定、模式探索与实现路径[J]. 矿产保护与利用(6)：1-8.

李慧，2010. 我国绿色矿山政策动态及展望[J]. 中国经贸导刊(24)：93.

李在文，2017. 西南能矿集团绿色勘查理念和实践成果[N]. 中国矿业报，[2017-05-06(003)].

栗欣，2014. 国家级绿色矿山模式研究[M]. 北京：地质出版社.

刘登娟，王安建，李璞，等，2018. 全面深化中国矿业权管理制度改革：中澳对比及启示[J]. 西南民族大学学报（人文社会
　　科学版），39(2)：143-147.

刘登娟，李璞，李新，等，2019. 中国矿业权出让制度市场化改革回顾与展望[J]. 中国矿业，28(9)：1-5，11.

刘航，2018. 中国城市矿产资源开发利用现状、问题及对策[J]. 中国矿业，27(9)：1-6，15.

刘宏，陶虹琳，张惠琴，2018. 环境再造视角下矿业多主体利益分配模型研究[J]. 矿业研究与开发，38(5)：108-113.

刘军，刘丽涵，吴海娟，2006. 关于建设绿色矿山实现资源可持续发展的论述[J]. 黑龙江环境通报，30(2)：9-10.

刘亦晴，陈宬，2020. 演化博弈视角下矿业生态文明建设利益协调研究[J]. 中国矿业，29(11)：61-71.

龙云，2011. 绿色矿业"绿"在何方?[J]. 国土资源导刊，8(12)：46-47.

孟旭光，侯华丽，吴尚昆，2018. 矿业发展的"绿色"思维探讨[J]. 中国矿业，27(8)：85-87.

明扬，黄羽飞，2015. 我国铜冶炼废气治理技术研究[J]. 农业与技术，35(18)：230-231.

庞师艳，2019. 炼铁冶金环保与节能技术探析[J]. 中国金属通报(2)：21，23.

彭明，李桂珍，曹龙文，等，2018. 大冶冶炼厂环保系统优化的技术研究[J]. 硫酸工业(9)：52-56.

祁有祥，2018. 绿色矿山背景下建筑骨料矿山植被恢复模式[J]. 中国人口·资源与环境，28(S2)：87-90.

强海洋，2019. 绿色矿业高质量发展路径研究[N]. 中国自然资源报，[2019-02-28(007)].

乔登攀，程伟华，张磊，等，2011. 现代采矿理念与充填采矿[J]. 有色金属科学与工程，2(2)：7-14.

秦思露，黄寰，2020. 生态文明视阈下四川省绿色矿业发展路径研究[J]. 决策咨询(2)：93-96.

申斌学，郑忠友，朱磊，2019. 新时代背景下绿色矿山建设体系探索与实践[J]. 煤炭工程，51(2)：1-5.

沈洪涛，马诗咏，刘伟，2016. 黑龙江省绿色矿山建设评价指标体系构建[J]. 经济研究导刊(2)：49-50.

石宝峰，王静，2018. 基于 ELECTRE III 的农户小额贷款信用评级模型[J]. 系统管理学报，27(5)：854-862.

宋海彬，2013. 绿色矿山绩效评价指标设计[J]. 煤炭技术，32(8)：5-7.

宋学峰，温斌，2014. 绿色矿山建设水平定量化评价研究[J].中国矿业，23(4)：54-56，61.

宋子岭，祁文辉，范军富，等，2017. 大型露天煤矿绿色开采评价体系研究[J]. 安全与环境学报，17(3)：1177-1182.

孙维中，2006. 浅谈绿色矿山建设[J]. 煤炭工程，38(4)：60-61.

孙映祥，柳晓娟，吴尚昆，等，2020. 国家级绿色矿山试点单位与全国绿色矿山名录对比研究[J].中国矿业，29(7)：61-64.

唐光荣，2012. 节能低碳 构建绿色矿山——水泥灰岩矿山矿产资源综合利用评述[J]. 矿业装备(7)：46-51.

唐静，2013. 实行绿色会计发展西藏绿色矿业[J]. 经济视角(30)：36-37.

汪文生，邹杰龙，2013. 基于 DEA 的煤炭企业绿色矿山建设效率评价与优化[J]. 中国煤炭(1)：119-121.

汪云甲，2004. 数字矿山与矿区资源绿色开发[J]. 科技导报(6)：42-45.

汪云甲，2005. 论矿区资源绿色开发的资源科学基础[J]. 资源科学，27(1)：14-19.

王国印，2012. 论循环经济的本质与政策启示[J]. 中国软科学(1)：26-38.

王海军，薛亚洲，2017. 我国矿产资源节约与综合利用现状分析[J]. 矿产保护与利用(2)：1-5，12.

王建，黄煦，胡克，等，2017. 论矿山企业的道德责任与慈善责任[J]. 中国矿业，26(4)：94-98.

王晶，2017. 浅析技术创新在绿色矿山建设中的应用[J]. 化工矿物与加工，46(11)：53-55.

王磊，王浩佳，顾进恒，等，2014. 煤矿绿色矿山建设马田系统评价体系及分析[J]. 矿山机械，42(5)：1-4.

王明旭，许梦国，王平，等，2013. 基于新型木桶理论的绿色矿山建设水平评价[J]. 中国矿业(12)：68-72.

王万宾，2003. 严格实施规划保护和合理利用矿产资源[J]. 南方国土资源(4)：4-5.

王喜莲，贾县民，2019. 基于熵权改进 TOPSIS 的煤企绿色转型评价研究[J]. 煤炭经济研究，39(9)：45-50.

王馨凤，2008. 科学发展"绿色矿业"——访国土资源部地质环境司司长姜建军[J]. 今日国土(11)：16-18.

王雪峰，2006. 增强"绿色矿业"理念 实现矿业可持续发展[J]. 国土资源科技管理，23(6)：58-61.

文莉军，2014. 海口磷矿绿色矿山建设示范与综合评价[D]. 重庆：重庆大学.

吴金生，李子章，李政昭，等，2016. 绿色勘查中减少探矿工程对环境影响的技术方法[J]. 探矿工程（岩土钻掘工程），43（10）：112-116.

熊梨芳，2011. 走绿色矿业之路[N]. 中国国土资源报，[2011-12-33（004）].

徐硕，2019. 探讨如何实现矿产资源开发与环境保护协调发展[J]. 法制与社会（4）：140-141，144.

许加强，于光，何大义，2016. 绿色矿山的多专家综合评价方法探讨——以新汶矿业集团华丰矿山为例[J]. 资源与产业，18（1）：61-68.

闫志刚，刘玉朋，王雪丽，2012. 绿色矿山建设评价指标与方法研究[J]. 中国煤炭，38（2）：116-120.

杨安国，2008. 走绿色冶炼之路　打造绿色节能环保豫光[J]. 有色冶金节能，24（1）：15-17.

杨德军，2012. 矿产资源开发与环境影响评价[J]. 新疆有色金属，35（3）：43-44，47.

杨军，2012. 依靠技术创新开创"科学冶炼，绿色发展"新局面[C]//中国金属学会. 2012 年全国炼铁生产技术会议暨炼铁学术年会文集.

杨雷，漆国怀，2016. 基于 ELECTRE-III 和区间直觉模糊集的制造企业竞争力评价[J]. 科技管理研究，36（22）：56-61.

杨玲，2006. 发展矿业循环经济建设绿色矿山[J]. 中国矿业，15（4）：23-25，33.

杨哲，2018. 绿色矿业经济的发展策略研究[J]. 现代国企研究（4）：138，140.

曾晟，闵晨笛，孙春辉，2017. 基于层次分析和集对分析的铀矿山生态环境安全评价[J]. 工业安全与环保，43（2）：11-14，54.

张波，2018. 绿色地质勘查综合技术应用分析[J]. 世界有色金属（10）：162-163.

张长青，邱景智，刘冠男，等，2019. 尾矿综合利用助力绿色矿山建设[J]. 中国矿业，28（Z2）：135-137.

张成强，2006. 关于矿产资源循环利用及其建议与对策[J]. 中国矿业，15（5）：4-7.

张崇淼，2003. 矿产资源综合利用与环境保护之关系的探讨[J]. 矿冶，12（2）：22-25.

张德明，贾晓晴，乔繁盛，等，2010. 绿色矿山评价指标体系的初步探讨[J]. 再生资源与循环经济，3（12）：11-13.

张福良，2017. 绿色勘查，培育矿业"常青树"[N]. 中国国土资源报，[2017-06-05（006）].

张荣光，张惠琴，尚甜甜，2016. 矿产资源型企业技术创新影响因素的模糊聚类分析[J]. 经济体制改革（2）：131-136.

张世新，2019. 新时期我国绿色矿山建设探讨：以金徽矿业郭家沟铅锌矿为例[J]. 中国矿业，28（4）：84-86，92.

张文辉，申文金，2017. 关于绿色勘查标准化的思考[J]. 现代矿业，33（9）：8-11，17.

张煜，牛国锋，2011. 走资源开发与绿色矿山建设双赢之路——内蒙古大中矿业股份有限公司和谐矿业环境建设纪实[J]. 西部资源（5）：8-9.

赵小虎，奇德胜，贺天云，2018. 矿山绿色开采技术研究与应用[J]. 世界有色金属（23）：281，283.

郑海利，2016. 新形势下冶炼企业的环保工作现状与管理思路创新[J]. 经贸实践（20）：86-87.

郑季良，张益玮，2017. 有色金属绿色矿山建设评价体系研究[J]. 神华科技，15（1）：14-17.

郑先坤，朱易春，连军锋，等，2018. 新常态下江西省绿色矿山建设供给侧改革发展策略研究[J]. 中国人口·资源与环境，28（S2）：82-86.

周海林，杨珊，陈建宏，2017. 黄金矿山清洁生产评价指标体系研究与应用[J]. 黄金科学技术，25（5）：93-100.

周建成，2010. 狠抓污染减排，推行绿色冶炼[J]. 中国有色金属（22）：54-55.

诸大建，1998. 与环境协调发展是真正的硬道理[J]. 探索与争鸣（10）：8-9.

庄贵阳，2005. 中国经济低碳发展的途径与潜力分析[J]. 国际技术经济研究，8（3）：8-12.

Gorman M R，Dzombak D A，2018. A review of sustainable mining and resource management：Transitioning from the life cycle of the mine to the life cycle of the mineral[J]. Resources，Conservation and Recycling，137：281-291.

Herman E D，1990. Beyond Growth：The Economics of Sustainable Development[M]. Kansas City：Beacon Press.

Liao H C，Xu Z S，Zeng X J，et al.，2015. Qualitative decision making with correlation coefficients of hesitant fuzzy linguistic term sets[J]. Knowledge Based Systems，76(3)：127-138.

Prakash V，Sinha S K，Das N C，et al.，2020. Sustainable mining metrics en route a coal mine case study[J]. Journal of Cleaner Production，268：122.

Rodriguez R M，Martinez L，Herrera F，2012. Hesitant fuzzy linguistic term sets for decision making[J]. IEEE Transactions on Fuzzy Systems，20(1)：109-119.

Shang D L，Yin G Z，Li X，et al.，2015. Analysis for green mine (phosphate) performance of China：An evaluation index system[J]. Resources Policy，46：71-84.

Tahir A C，Darton R C，2010. The process analysis method of selecting indicators to quantify the sustainability performance of a business operation[J]. Journal of Cleaner Production，18(16-17)：1598-1607.

Xu Z，2005. Deviation measures of linguistic preference relations in group decision making[J]. Omega，33(3)：249-254.